Lebe frei

Veränderungen und Loslassen leicht gemacht.

38 Aufgaben für den Alltag.

Wichtiger Hinweis:
Die in diesem Buch beschriebenen Methoden und Tipps dienen der Selbstreflexion und können und sollen nicht die Beratung durch Arzt oder TherapeutIn ersetzen. Bei psychischen oder gesundheitlichen Problemen sprechen Sie bitte mit Ihrem Arzt, damit festgestellt werden kann, ob Sie medizinisch betreut werden müssen. Autorin und Verlag lehnen jegliche Verantwortung für Folgen, die direkt oder indirekt aus der Lektüre dieses Buches entstehen, ab.

1. Auflage
© 2015-18 Verlag Laspas, Wien
www.laspas.at
Alle Rechte vorbehalten.
Umschlaggestaltung: Luna Design, www.luna-design.at
Layout und Grafiken im Innenteil: Eva Laspas
Coverfoto: jill111, pixabay.com
ISBN 978-3-9504213-7-8

Inhalt:

Teil 1 – Dein Leben
Die Zeit ist reif für deine Lebensreise! 6
Die Zeit ist reif für Neues 9
Ressourcenliste – deine Möglichkeiten entdecken 12
Ist Realität steuerbar? 17
Fehler machen dich stärker: Resilienz 24
Deine Schatztruhe füllen 28
Veränderungen im Leben 31
Dein Lebenspuzzle 34
Was bedeutet „Lebenssinn"? 40
Lerne deine Komfortzone kennen 42
Gedankenhygiene 45
Job, Arbeit oder Beruf – ein Perspektivenwechsel 49
Nahrung – Streicheleinheiten für die Seele? 55
Auf den Kopf gestellt 62
Das erste Mal 67
Das Leben ertragen? 73
Vom Geben und Nehmen 78

Teil 2 – Gefühle & Emotionen
Sei schneller als deine Angst 84
Wie bekommst du Anerkennung? 89
Selbstliebe – Liebe zu dir und anderen 93
Selbstvertrauen – ich vertraue meinen Fähigkeiten 100
Selbstbewusstsein – mir meiner selbst bewusst sein 105
Ent-täuschung, weg von der Täuschung 109
Wenn die Selbstzweifel-Falle wieder zuschlägt 112
Streit 116
Meine Mutter, mein bester Coach 119
Die Geschichte von Mut und Übermut 129
99 Mutproben 135
6 Wege aus deiner emotionalen Verstrickung 143
Grenzen setzen und „Nein" sagen 150
Ich möchte so gerne geliebt werden 156
Sichtbarkeit versus Aufmerksamkeit 161
Berühren und berührt werden 164

Teil 3 – Veränderung
Erkenne deine innere Unzufriedenheit 168

Komfortzone – erweitern oder sprengen? 171
7 unmögliche Tipps zum Loslassen 176
Tina Turner, Hildegard von Bingen u.Maria Montessori 181
Veränderungen im Leben? 186

Teil 4 – Arbeitsbögen
Arbeit an deinem Selbstbewusstsein 203
Übung: Veränderung 206
Erwecke die Schöpferin in dir 208
Durch zahlreiche DIY(Do-it-yourself)-Gruppen, YT-Filme und Zeitschriften angeregt, wagen immer mehr Menschen, ihre Kreativität zuzulassen.
Denn die gute Nachricht ist: Jeder von uns ist kreativ! 208
Über die Autorin 210
Meditatives Schreiben 216
Kärtchen 218
Buchtipps 224

Teil 1 – Dein Leben

Die Zeit ist reif für deine Lebensreise!

Wir Frauen leben unseren Alltag, reißen einen Megaspagat zwischen allen unseren Aufgaben und Pflichten. Wir passen uns an, verschleißen unsere Energie, opfern uns für andere auf, vergessen ganz auf uns selber. Ja, wir vergessen, wer wir eigentlich sind!

Doch irgendwann kommt der Punkt im Leben, an dem es uns einfach reicht. Leider erkennen wir es oft erst, wenn uns unser Körper mit einer Krankheit zu verstehen gibt, dass es *ihm* reicht: „Veränderung ist angesagt."

Oftmals motiviert uns erst eine Krankheit dazu, zu erkennen, dass jetzt die Zeit zum „Nichts-Tun" gekommen ist. Die Zeit, zu regenerieren und dabei zu erkennen, dass wir uns selber verloren haben.

So weit muss es aber nicht kommen!
Wir können auch vorher bereits eine Veränderung im Leben einleiten.

Mut für uns selber

Wir brauchen nur ein wenig Mut, Gefühl für unsere eigenen Grenzen und Motivation. Wenn du also plötzlich das Gefühl bekommst: „Jetzt reicht es, ich brauche eine Veränderung!", gib diesem Gefühl nach. (Geh nicht zum Frisör oder zum Shoppen, *das* möchte dein Gefühl nicht erreichen.) Manchmal darfst du aufbrechen, ohne genau zu wissen, wohin dich die Reise führen wird. Doch wie bei jeder Reise ist immer der *erste Schritt* der wichtigste.
Früher (das war vor über 20 Jahren, als ich meine Reise begann...) haben uns die Motivationsforscher eingetrichtert, dass wir nicht reisen könnten, wenn wir nicht *genau* wüssten, wohin wir wollten und wie wir dorthin kämen. „Plane deine Veränderung bis ins Detail genau", sagten sie uns.

Doch das ist nur bedingt richtig. Natürlich ist eine Reise leichter, wenn wir das Ziel inklusive aller Zwischenstationen schon genau kennen. So können wir gleich Fahrkarten bis ans Ziel kaufen, in den Zug steigen und losfahren.

Es ist auf alle Fälle ein sehr männlicher Weg, gerade, zielgerichtet und starr. Viele kommen auch ausgepowert am Ziel an. Egal, ob es immer noch passt oder nicht.

Doch nicht immer ist dieser Weg der beste. Nicht in unserer raschlebigen Zeit, wo sich die Dinge Tag für Tag ändern. Und sicherlich nicht für uns Frauen. Das habe ich selber durch leidvolle Erfahrungen in meinem Leben erkennen dürfen. Immer wenn ich mit dem Kopf durch die Wand wollte, wurde es schwieriger als es eigentlich sein hätte können. Meist hatte ich viel zu lange damit gewartet, etwas zu ändern, und wollte „jetzt oder nie" ganze Wälder abholzen. Das war nicht gut für meinen Körper.

Einerseits hat mir da die Ausbildung zur Ernährungsberaterin nach der Traditionellen Chinesischen Medizin geholfen. Mit ihr sog ich auch die taoistischen Philosophien ein.
Ich erkannte, dass der Weg das Ziel ist. Andererseits hat mir das Leben selbst geholfen. Ich lernte und lerne aus meinen Fehlern und achte darauf, keinen Fehler zweimal zu machen.

Dabei helfen mir besonders Reflexionen meiner Taten, Worte und Gedanken sowie deren Hygiene. Wie das alles geht, wirst du im Laufe des Buches erfahren.

Um dir den Start deiner Lebensreise so leicht wie möglich zu machen, habe ich dir unterschiedliche Werkzeuge bereitgelegt.

Die Reise im Zug des Lebens

Wenn wir im Zug des Lebens sitzen und auf *ein* Ziel zusteuern, zieht die Landschaft so rasch vor unserem inneren Auge vorbei, dass wir die anmutigen Rosen oder den betörenden Duft des Flieders gar nicht wahrnehmen können. Wir sehen auch nicht den Feldweg, der ebenso in unsere Richtung führt und viel mehr Farbenpracht in unser Leben bringen könnte.

Umgelegt auf unsere Lebensreise bedeutet das, dass wir all die wichtigen Stationen unserer Weiterentwicklungs-„Orte" nicht genießen können, wenn wir zu rasch reisen.

Manche von uns brechen auch niemals auf, weil sie immer noch nach dem „einen Ziel" suchen. Und solange sie das nicht gefunden haben, tun sie auch den ersten Schritt nicht.

Oftmals ist also „Slow Travel" für uns Frauen einfach der bessere, weil auch weibliche Weg.

Ein Weg, der uns ausgeruht und erfrischt am Ziel der Veränderung ankommen lässt.

Vergessen wir also einfach, das Ziel auf die männliche Art und Weise (und althergebrachte) anzugehen. Beginnen wir unsere Lebensreise heute mit dem ersten Schritt. Und wenn der erste Schritt nur ist, zu erkennen, dass wir auf die bisherige Art und Weise nicht mehr weiterleben möchten. Es gibt einen Spruch von unbekannter Feder:

„Wenn du immer nur das tust, was du bisher gemacht hast, wirst du immer nur das bekommen, was du bisher bekommen hast."

(Ausmalschrift)

Dieses Buch kann für dich der erste Schritt deiner Veränderung sein. Du kennst zwar noch nicht das Ziel deiner Reise, jedoch weißt du, dass du sie JETZT beginnen darfst.

Das kann von einer Fastenkur bis hin zum Ausräumen deines Kleiderschrankes reichen, vom neuen Job bis hin zur Scheidung. Es kann mit einer Kleinigkeit beginnen und endet vielleicht mit einem neuen und erfüllten Leben nach einigen Jahren.

Du weißt ja, Zeit ist nur „lange", wenn wir sie mit etwas Langweiligem verbringen.

Hier im Buch wirst du viele Werkzeuge finden, die dich das (erste) Ziel deiner Reise erkennen lassen werden.

Die Zeit ist reif für Neues

Du hast also festgestellt, dass es dir reicht. Jeden Tag, wenn du aufstehst, fragst du dich, ob das nun alles ist, was dir dein Leben zu bieten hat. „Soll das jetzt etwa ewig so weitergehen?", ein kleines, hartnäckiges Stimmchen erinnert dich daran, dass du so viele Träume hattest – damals.

Zeitgleich kommt aber sofort der erste Dämpfer, denn Veränderungen an uns selber (oder in unserem Leben) bedeuten immer, dass sie auch die Menschen in unserem Umfeld betreffen. Wie man trotz aller scheinbarer Hindernisse zu seiner Lebensreise aufbricht, das erzähle ich dir anhand meiner Geschichte im Laufe der Buchbeiträge. Keine Angst also – JETZT und HEUTE ist einmal Zeit für den ersten Schritt.

Der erste Weg zu Veränderung ist Erkenntnis.

Wo du Veränderung einleiten kannst:

- Alte Gedankenmuster
- Körperumfang
- Schönheitsideale, die sich überlebt haben
- Deine Rollen überdenken und ändern, was nicht mehr passt
- Beziehungen, die dir schaden
- Überflüssige Gegenstände
- Zeiträuber (Tätigkeiten, aber leider auch Menschen)
- Konsumverhalten
- Alles was dich daran hindert, dich zu erholen
- Falsche Glücksvorstellungen
- Ziele, die du hattest und die nicht mehr in dein Leben passen
- Beruf, der dich umbringt
- .....
- .....
- .....
- .....
- .....
- .....

Die letzten Zeilen habe ich für dich freigelassen, denn hier kannst du deine eigenen Veränderungen eintragen, die du gerne angehen möchtest.

Aufgabe:

Suche dir aus diese Liste genau das Thema aus, das für dich am einfachsten zu bearbeiten ist. Denke dir dein Leben Bereich für Bereich durch, Haushalt, Familie, Arbeit usw.

Finde nun in *einem* dieser Bereiche eine Möglichkeit, wo es leicht geht, loszulassen und Veränderung herbeizuführen.

Nachdem du diesen Bereich für dich gefunden hast,

beginnt die eigentliche Arbeit.

Loslassen!

Lass los, was an überflüssigem Ballast vorhanden ist und was sich leicht löst. Das kann z.B. der alte Wintermantel sein, den du schon lange loswerden wolltest. Raus damit und fertig. Du hast sowieso noch zwei andere, oder?

Danach bist du schon motivierter und kannst Stück für Stück das loslassen, was dich mittlerweile auf deiner Lebensreise behindert. Du setzt mit dem Loslassen deiner ungetragenen Kleidung (Bücher, Dachboden etc.) dir und auch dem Universum ein Zeichen, das da heißt:

„Ich trenne mich von allem,

das mich behindert."

Beginne dein Unterfangen mit kleinen Schritten, die ganz bei dir selber wirksam sind. (Schmeiß also nicht die Dinge von anderen weg! *gg*) So kannst du von anderen unbemerkt auf deine Lebensreise aufbrechen, ohne dass gleich alle Familienmitglieder rebellisch werden. (Vergiss alle Filme, die du bisher zu diesem Thema gesehen hast! ;-))

Mach nur einen kleinen Schritt, aber mach ihn! Danach wird es dir immer leichter fallen. Du wirst sensibel gegenüber Unklarheiten und Ungereimtheiten. So spürst du schneller, wenn etwas für dich unpassend ist, und lebst authentischer und unbeschwerter.

So wie in deinem Inneren, so auch im Außen

Wie geht es jetzt weiter? Im Laufe der nächsten Kapitel bekommst du viele Bausteine, aus denen du dir die für dich schönsten Steine heraussuchst. Aus denen baust du dir dein persönliches Lebens-Mosaik.

Es ist, wie wenn du ein rotes Auto kaufen möchtest und noch nicht weißt, welches. Oder du schwanger bist.

Plötzlich wirst du an allen Ecken und Enden Schwangere sehen oder rote Autos. Deine Aufmerksamkeit hat sich auf etwas Bestimmtes gerichtet und von da an bekommst du mehr davon. Das ist wie die Geschichte mit den zwei Blumentöpfen, die du geschenkt bekommst. Beide sind völlig ident. Doch du gießt nur den einen (schenkst ihm deine Aufmerksamkeit), den anderen beachtest du nicht. Natürlich wird nur ein Blumentopf weiterhin gedeihen.Probiere das einmal selber aus!

Ich vergleiche unsere Lebensreise auch gerne mit einem Puzzlespiel.

Stell dir vor, du hast beim Umzug in ein neues Haus alle deine Puzzlespiele (du puzzelst leidenschaftlich gerne) in eine Kiste gepackt. Doch beim Umzug ist die Kiste hinuntergefallen und alle Puzzlesteine haben sich vermischt. Kunterbunt liegen sie auf einem großen Haufen im Zimmer.

Es sind viele Puzzlespiele, mindestens 20, und ihre Teile haben alle die gleiche Größe. Und da du ein Fan von Sonnenuntergängen, Meer und Strand bist, schauen viele Teile leider auch äußerst ähnlich aus.

Doch sie passen eben nur an den Ort, der für sie bestimmt ist. Versuchst du, einen falschen Stein in ein Puzzle einzufügen, wird das Bild unklar.

Deine Lebenspuzzleteile passen genau in dein Lebensspiel und es ist an dir, deine Teile in der Welt zu finden.

Doch hier kommt die gute Nachricht: Du bist nicht alleine! Ich begleite dich dabei! Wir alle sind hier, um dich zu begleiten. Wir freuen uns, dass du bei uns bist!

Ressourcenliste – deine Möglichkeiten entdecken

Überlege dir, welche Möglichkeiten du hast, dich und dein Leben zu verändern.

Überlege im ersten Schritt, ob du eher mit deiner beruflichen oder deiner privaten Situation unzufrieden bist und sie verändern möchtest.

Möchten wir uns verändern, brauchen wir Ressourcen.

Kenntnisse, Fähigkeiten, Talente.

Deine Ressourcen:

- Kenntnisse (erlerntes Wissen, das haben wir reichlich)
- Fähigkeiten (selber angeeignetes, auch handwerkliches Wissen, auch davon haben wir reichlich)
- Talente (das, was du mitbringst, was unter Umständen verschüttet ist, was du aber freischaufeln kannst – das erkennen wir oft nicht, weil es uns so leicht fällt)

Leider erkennen wir Frauen unsere Ressourcen wirklich nur schwer, denn durch jahrelanges Training wurden wir über alle Maßen selbstkritisch und perfektionistisch. So anerkennen wir sie nicht als wertvoll oder sind uns ihrer gar nicht bewusst.

Wir lernen, uns an unseren vermeintlichen Fehlern und Schwächen zu orientieren und nicht an unseren Ressourcen.

Natürlich wollen wir alles perfekt machen und versinken dadurch im Selbstzweifel, aber zu 110 % wird wohl niemandem etwas gelingen. (Weißt du, wie viele Jahre ich mich selber damit gequält habe, weil ich nie mit dem zufrieden war, was ich geschafft hatte?)

Mache dir deine Stärken und Fähigkeiten aktiv bewusst.

UND: Ermutige auch andere Frauen, sich ihrer Ressourcen bewusst zu werden! Stärke und du wirst gestärkt werden.

Im Laufe deines Lebens hast du schon so vieles gelernt, einige Ausbildungen finanziert und viel erlebt. Dein Erfahrungsschatz ist größer, als dir selber bewusst ist!

Jetzt ist es Zeit, Inventur zu machen. Die Inventur deiner Ressourcen. Du bist mit Sicherheit Meisterin in mehr als einer Sache – diese Fähigkeiten kannst du privat wie auch beruflich nutzen.

Aufgabe:

Mach dir JETZT eine Liste von Dingen, die du wirklich gut kannst. Und dann mach eine Liste, was du wirklich mühelos kannst. Letzteres sind deine Talente.

Im Anhang findest du das Arbeitsblatt „Ressourcenliste" zur Unterstützung. Die Liste hat Platz für 20 deiner Fähigkeiten, du kannst sie aber auch öfter ausdrucken.

Flexibilität – eine Stärke von uns Frauen

Durch unsere Fähigkeit, uns zu erinnern, sind wir in der Lage, blitzschnell alle Für und Wider abzuwiegen und unseren Weg jederzeit zu optimieren. Wir können flexibel auf alles reagieren und gekonnt improvisieren. Das ist eine wertvolle Fähigkeit in unserer heutigen hochkomplexen Welt!

Anstatt aber diese Fähigkeit hervorzuheben und effizient für unser Fortkommen einzusetzen, lassen wir uns verunsichern und reagieren mit Selbstzweifel, wenn wir hören: „Dauernd änderst du deine Pläne." Oder: „Du wolltest es doch so machen, warum hast es anders gemacht?"

Lass dich niemals verunsichern.

Das mag zwar leichter geschrieben als getan sein – es ist aber deine Chance, dein Talent, dein Können und dein Wissen so einzusetzen, wie es für dich richtig und wichtig ist.

Mir hilft es immer, wenn ich mir vorstelle, dass ich ein Felsen bin und eine

Ameise auf mir klettert, das spüre ich gar nicht. Und überhaupt, ich lasse mich von ihr nicht von meinem Herzenswunsch oder Ziel abbringen.

Ich erzähle dir nun, wie ich scheinbar ohne Koordination und Plan meine Ressourcen sammelte – vielleicht war es ja bei dir ähnlich?

Ich wusste schon im zweiten Lehrjahr als Drogistenlehrling, dass ich mich einmal selbstständig machen würde. Damals glaubte ich, dass ich eine Drogerie haben würde. Darum war mein Ziel nach der Drogistenprüfung die Konzessionsprüfung.

Immer mein Ziel vor Augen, arbeitete ich als Filialleiterin bei DM, um das nötige Kapital anzusparen. In der Zwischenzeit lernte ich aus Spaß im Fernstudium „Professionelles Schreiben", da ich immer schon gerne geschrieben habe. Danach lernte ich drei Jahre lang Verkaufsleiter, um auch das nötige Know-how in Sachen Marketing und Werbung zu bekommen.
Zu dieser Zeit wurde der Markt für Drogerien härter. Die meisten sperrten zu, wenige klammerten sich noch an und warteten nur mehr auf ihre Pensionierung. Mein Ziel löste sich tatsächlich in Luft auf.

Die Karenz mit meinen beiden älteren Kindern brachte mir eine Atempause und die Zeit, mein Ziel neu zu erfassen. Seit meiner Zielsetzung, mich selbstständig zu machen, waren zehn Jahre vergangen. Je mehr die Möglichkeit, mit einer Drogerie erfolgreich zu sein, in den Hintergrund trat (ich dieses Ziel losließ), desto deutlicher kristallisierte sich ein neuer Weg heraus.

Er ging in Richtung Online-Zeitschrift, PC und Internet. Er war noch unscharf, denn diese neuen Technologien waren damals sehr jung und niemand wusste, welche Möglichkeiten sich dadurch auftaten.

Als meine damals jüngste Tochter drei Jahre alt war, machte ich aus Interesse auch noch die Montessori-Ausbildung mit Diplom. Mit der Philosophie der Maria Montessori trat ich in die Welt der fünf Sinne und der Spiritualität ein.

Und plötzlich war die Kontur zum „eigenen Geschäft" schärfer – über viele Zu-fälle und Ermutigungen von Menschen, denen ich auf meinem Weg „zufällig" begegnete, entwickelte ich mein erstes Online-Monatsmagazin, das nach mir zwei Nachfolgerinnen hatte und mir ebenso lange Jahre als Möglichkeit zum Geldverdienen diente.

Drei Jahre später entstand aus diesem Monatsmagazin das erste „Festival der Sinne", eine aktive Gesundheitsmesse, die in mehreren Bundesländern Österreichs in der Gesundheitsbranche lange Zeit eine Institution war. Und bei diesen Tätigkeiten brauchte ich plötzlich alle Ressourcen, die ich in den Jahren davor scheinbar „wahllos" aus Interesse und Freude am Lernen gesammelt hatte.

Was kannst du daraus lernen?

Eine Idee zu haben – und sei es nur eine Ahnung – ist wichtig, damit du überhaupt aufbrichst. Ist der erste Schritt gemacht – bleibe WACHSAM. Denn durch dein Aufbruchssignal, deinen Entschluss, etwas zu ändern, wird dir nun vom Kollektiv (oder Universum, wie du es vielleicht auch nennen magst) buchstäblich genau das „vor die Füße gelegt", was du brauchst, um dorthin zu gelangen, wo du Erfüllung findest.

Dein Ressourcen-Lieferant ist das Kollektiv!

Dorthin, wo du deine ERSTE Erfüllung findest. Warum sich mit wenig zufriedengeben?

Mittlerweile ahne ich, worum es wirklich im Leben geht: Nicht DIE Erfüllung wartet auf dich, sondern die bunte Vielfalt, damit du dich in möglichst vielen Aspekten spüren kannst. Und das kann auch in einem Bereich sein, den es *heute noch gar nicht gibt*!

Erinnere dich, wie es bei mir war: Ich konnte Mitte der Achtzigerjahre nicht wissen, dass ich 2001 mit einer Online-Zeitschrift erfolgreich selbstständig werden würde. Als ich mir mein Ziel setzte, selbstständig zu werden, waren PCs noch so groß wie ein ganzes Zimmer!

Doch im großen Feld des Kollektivs (des Universums) gab es natürlich schon die Idee davon und so wurde ich durch meine Interessen angeleitet und geführt.

Darum sorge dich nicht um das Morgen oder um das WIE, gestalte das JETZT wie es deinem Herzen gefällt.

Deine Fähigkeitenliste

Dein nächster Schritt mag nun sein, anhand deiner Fähigkeitenliste deine Möglichkeiten zu durchdenken. Wenn du dich nur jeden Tag fünfzehn Minuten hinsetzt und alle deine Fähigkeiten auflistest, wirst du mit der Menge an Möglichkeiten geradezu überschwemmt werden.

Lass deinen Gedankenstrom fließen, schreib alles auf, würge die Gedankenflut nicht gleich ab, wenn dir etwas als „nicht passend" erscheint. Gerade diese Dinge, die scheinbar nicht passen oder die wir immer wieder vor uns herschieben, sind die, die uns später am meisten Spaß machen.

Wenn du dir alle deine Möglichkeiten vorstellst und aufschreibst, wirst du schon bald in einen Art Rauschzustand kommen. Dein Körper stellt dir Adrenalin zur Verfügung, damit du die Kraft hast, auf positive Weise zu handeln.

So macht sich dein Körper bereit für die Veränderung und Mut stellt sich ein.

In jeder Frau steckt Power. Wir alle sind Powerfrauen,
auch wenn wir uns im Moment nicht so fühlen!

Unsere Kraft, Hindernisse zu überwinden, auf Situationen richtig zu reagieren und Aufgaben zu timen, ist immer *in* uns. Wir haben eine besondere Energie, die genau dann aus einer verborgenen Quelle kommt, wenn wir sie am dringendsten benötigen.

Zwischen dem Beginn deiner Reise und ihrem Ziel können viele Jahre liegen. Doch kann in einem Augenblick die Erkenntnis erwachen, dass du reine, vitale Energie bist. Energie und Power ist dasselbe, wenn es aus deinem Herzen kommt.

Wir haben sie. Du hast sie. Nutze sie.

Starte JETZT dein außergewöhnliches Leben!

Ist Realität steuerbar?

Du kennst diese Tage, an denen du scheinbar mit dem „linken Fuß" aufgestanden bist. Deine Laune ist miserabel.

Und natürlich laufen im Laufe des Tages hunderte von Dingen schief. Es wundert dich schon gar nicht mehr. Denn – du bist ja schon in der Früh mit dem linken Fuß aufgestanden.

Dahinter steckt: Ganz offensichtlich können wir mit unseren Gefühlen unsere Welt beeinflussen. Daher gehen wir in diesem Kapitel der Frage nach:

Kann die Veränderung der Perspektive deinen ganzen Tag verändern?

Hier kommt gleich ein Werkzeug für deinen Weg in Richtung Veränderung der Realität. Zuerst machen wir allerdings ein Experiment.

Über die Realität, ob und wenn ja, wie wir sie steuern können

Bitte probiere Folgendes gleich aus – du brauchst dazu ca. zwei Tage:
Denk an ein rotes Auto. Was glaubst du, gibt es viele rote Autos auf den Straßen? Sind die roten Autos eher klein oder eher groß? Fahren eher Frauen oder Männer in roten Autos? Was denkst du?
Schau dich draußen einmal genau um.

WICHTIG:

Lies bitte hier erst am übernächsten Tag weiter:

Was ist passiert?

Hast du erst bewusst, später aber automatisch sehr viele rote Autos gesehen? Kam es dir vielleicht schon komisch vor, dass derart viele rote Autos deinen Weg kreuzten? Nun, die Erklärung liegt auf der Hand:

*Alles, worauf du deine
Aufmerksamkeit richtest, wächst.*

Probiere noch ein zweites Experiment:

Kauf dir zwei völlig idente Blumenstöcke. Ident im Wuchs, im Blütestand – alles sollte etwa gleich groß, gleich gut gewachsen sein. Stell beide Stöckerl auf das gleiche Fensterbrett.

Ab jetzt beachtest du nur mehr das rechte Stöckerl. Gieße es, wenn die Erde trocken ist, sprich mit ihm, wenn dir danach zumute ist. Sag ihm, dass es ein wunderschönes Blumenstöckerl ist. Das andere Stöckerl beachte und gieße gar nicht.

Was denkst du, was passiert?
Welches Stöckerl wird gedeihen?

(Hör bitte mit dem Experiment auf, solange das zweite Stöckerl noch am Leben ist ...)

Was uns in diesem Experiment so völlig logisch und vielleicht sogar ein klein bisschen kindisch vorkommt, wenden wir doch Tag für Tag in unserem Leben an. Unbewusst.

Meist richten wir unsere Aufmerksamkeit auf die Dinge,

die wir NICHT wollen.

Und was glaubst du, was passiert?

Probieren geht über Studieren

Leider lässt sich diese Sache nicht eindeutig wissenschaftlich beweisen. Na ja, die mit dem Blumenstöckerl natürlich schon, die mit unserem Leben nicht. Zu viel Zeit liegt zwischen „Wunsch" und „Auslieferung". Die Ausmaße eines kleinen (Wunsches) Gedankens erkennen wir oft gar nicht, weil wir den Gedanken gar nicht bemerkt oder schon vergessen haben, wenn wir seine Wirkung spüren.

Eine Bekannte erzählte mir, dass ihre Tochter heute Eier für einen Kuchen in die Schule mitnehmen hätte müssen, sie es aber trotzdem vergessen hätte, obwohl sie doch noch extra gesagt hätten: „Wir dürfen nicht auf die Eier vergessen!"

Zack, da ist es schon – das Wörtchen „nicht" oder „kein" wird überhört. Realität kann man durch das Wörtchen NICHT nicht beeinflussen. „Stell dir *keinen* rosa Elefanten vor", ist ein beliebter Seminartrick, um diese These zu beweisen.

Ich kann mich noch erinnern, mit zirka zwanzig Jahren sagte ich im Brustton der Überzeugung: „Griechisch ist sicher die einzige Sprache, die ich nicht lernen werde." Was glaubst du, welche Fremdsprache ich, seit ich dreißig bin, täglich spreche?

- Wie kann ich nun die Realität beeinflussen?
- Ist sie überhaupt beeinflussbar?
- Was ist denn Realität überhaupt?
- ???

(Und ich sage dir, unsere Gefühle haben sehr viel damit zu tun.)

Nur ein tiefer, aus dem Herzen kommender Wunsch bringt dich zur Realität

Wenn wir uns etwas wünschen, muss es mit viel Gefühl aufgeladen werden, damit es wahr wird. Bei Dingen, die wir nicht wollen, gelingt uns das ja immer mühelos.
Wir legen in das Wörtchen „nicht" nämlich all die Gefühle, die wir – gegen etwas – haben. Angst, Sorge, Ekel. Da aber „nicht" nicht existiert, wird der Wunsch mit allen Gefühlen beladen und – sozusagen im Expressverfahren – bald wahr. Noch etwas gelingt uns, wenn wir uns etwas „nicht" wünschen – wir vergessen es gleich wieder.

„Ich darf das und das nicht vergessen", sagst du vielleicht und meinst es sicher als Erinnerung, dir etwas zu merken. Nur leider funktioniert das so nicht einwandfrei. Wie oft hast du das schon gedacht und wie oft hast du es vergessen?

Probiere es ab jetzt einmal anders herum. Sage dir:

„Ich erinnere mich, das und das zu tun."

Mach das ab jetzt regelmäßig und vergleiche das Resultat ... ;-)

Wie geht aber jetzt dein Wunsch in Erfüllung?
Was hat das mit der Steuerung deiner Realität zu tun?
Etwas Geduld bitte, ich komme gleich dazu.

Du hast drei Wünsche frei

„Na gut", sagst du jetzt, „das hilft uns nicht weiter, wir wissen ja, dass wir nie das bekommen, was wir uns wünschen ..." – HALT! Hast du das oder Ähnliches gerade gedacht? Überlege mal, wohin führt denn solch ein Gedankengut?

Damit wir unsere Wünsche wahr werden lassen können und so unsere Realität *bewusst* steuern können, braucht es einige Dinge, die uns sehr schwerfallen!
Weißt du, warum im Märchen die Wünsche immer in Erfüllung gehen? Weil der Wünschende absolut an die Fähigkeiten der Fee glaubt. Er ist sicher, dass sie das machen kann, und – flutsch – schon wird das Gewünschte wahr.

Das ist schon die erste Hürde: Zweifle NIEMALS daran, dass sich dein Wunsch erfüllen wird.
(Ich weiß, das ist schwer, ich hab es dir ja gesagt.)

Nein, keine Angst, *viel* schwerer wird es nicht mehr. Ab jetzt geht es so leicht, wie das Auswählen und Abspielen einer DVD.

Teil 1:
Mach dir klar, was du genau (haben) willst. (Einen Liebesfilm oder lieber einen Krimi?)

Teil 2:
Fasse deine Vorstellung klar in Worte.
Stell dir das Ergebnis nicht nur vor, sondern fühle dich so, wie wenn dein Wunsch schon in Erfüllung gegangen wäre. Glücklich, entspannt, aufgeregt ...

Teil 3:
Nun lasse den Wunsch wirken. (Leg die DVD in den Rekorder und spiele sie einfach ab. Nimm sie nicht alle 5 Minuten wieder heraus, sonst kommst du nie ans Filmende oder zur Auslieferung deines Wunsches.)

Na ja, ich gebe zu, Teil 1 und Teil 3 sind am schwierigsten. Daran scheitere auch ich immer wieder mal.

Daran scheitert man meist dann, wenn dem Wunsch ein alter Glaubenssatz entgegenwirkt. (Ein Glaubenssatz ist eine bestimmte und persönliche Wahrheit, die wir im Laufe des Lebens zu glauben gelernt haben. Sie ist für uns absolut wahr und realitätswirksam.)

Was ist Realität genau?

Ja, jetzt biege ich die zwei Enden zusammen. Das Wünschen und die Realität:

Realität ist so vielfältig wie Schneeflocken.

Deine Wahl wird in jedem Fall verwirklicht werden. Was du wählst, bekommst du auch. Garantiert. Ohne jeden Zweifel. Es ist, wie wenn du dir mit dem Hammer auf den Finger haust und dein Daumen blau wird.

Du fragst dich vielleicht, warum du einen blauen Daumen hast, weil du den Hammer in deiner rechten Hand nicht mit dem Schmerz in der linken in Zusammenhang bringst. Darum schlägst du auch immer wieder zu.

Wenn du mit einem Lebensbereich nicht zufrieden bist, dann wird das Unzufriedenheitsgefühl stärker und es werden sich immer mehr Dinge im Leben zeigen, die dich bestätigen, dass dieser Bereich echt nicht mehr passt.

Hast du dich für ein Ziel entschlossen, lernst du plötzlich neue Menschen kennen, die dich beraten, oder dir fällt das richtige Buch in die Hände, das dir weiterhilft.

Wir richten unsere Aufmerksamkeit auf das, was wir

wollen. Und ziehen es an.

IMMER.

Es ist total unökonomisch, an Dinge zu denken, die wir *nicht* wollen. Schade um die Zeit und Energie. In der gleichen Zeit können wir auch das manifestieren, was wir möchten. Wenn wir wissen, was wir wollen ...

Deine Aufgabe zum Nachdenken:

Die Welt wird (für dich) umso schlechter, je schlechter du über sie denkst. In der Kindheit hast du nicht darüber nachgedacht, ob sie gut oder schlecht ist, sondern einfach alles akzeptiert, was kam.

Dann hast du mit ca. 2 Jahren begonnen, die Welt zu erkunden, und gelernt, sie aus dieser (von den Eltern abgeschauten) oder jener (von Freunden abgeschauten) Perspektive zu betrachten. Damit hast du begonnen, dir deine eigene Realität zu erschaffen.

Als ich fünf Jahre lang mit einem Baby und zwei Teenagern Alleinerzieherin war, ging ich öfter am Limit als nicht. Ich sagte mir öfter am Tag, dass ich total fertig sei.

Du kannst dir sicher denken, wie ich mich gefühlt habe. Ich fühlte mich tatsächlich jeden Tag schlechter. So lange, bis ich aus dieser Trance aufgewacht bin. Ich saß gerade am Klo, als mir auffiel, wie sehr ich mich selber manipulierte.

Das war meine Rettung. Ab da dachte ich jedes Mal, wenn wieder der Gedanke kam:

> *„Löschen!" Und lenkte gleich meine Gedanken auf*
> *etwas Schönes in meiner Umgebung.*

Unser Gehirn ist sehr lernfähig und ein äußerst gelehriger Schüler. Es macht immer das, was du ihm sagst. Trainierst du das Gehirn darauf, dass es dir Gedanken liefert, wenn du in der Nacht aufwachst, wird es das tun. Du wirst natürlich immer länger in der Nacht wach liegen und dich ärgern, dass du „nicht" schläfst.

Oder du trainierst dein Gehirn darauf, immer negativ über deinen Nachbarn zu denken. Das wird es also brav tun, so lange, bis es dir ins Gesicht geschrieben steht, wenn du ihn triffst.

Na und dann wird er auf deinen Gesichtsausdruck reagieren – und damit genau dem entsprechen, was du von ihm erwartest.

Du kannst immer negativ über dich selber denken und sprechen – und auch das liefert dir dein Gehirn aus. Es ist wie ein Computer, der sein Programm abspielt.

Gefühle sind der Schlüssel, um deine Realität zu erschaffen

Wo auch immer wir uns hinwenden, welche Art und Weise unseres Benehmens wir wählen oder welches Drehbuch wir gerade spielen, es geht immer um Gefühle. Je stärker unsere Gefühle einer Sache gegenüber sind, desto präsenter und wirksamer wird unser Wunsch. Und da es an sich keine „schlechten" Gefühle gibt, spielt es keine Rolle, ob wir Angst, Liebe oder Freude hinter unseren Wunsch stellen.

Nur das Resultat wird sich jeweils ändern.

Deine Aufgabe:

Beobachte die nächsten Tage deine Einstellung zur Welt. Nimm einfach wahr, welches Gedankengut du in dir trägst und wie du dich dabei fühlst. Nimm einfach wahr und verurteile dich nicht.

Hast du deine Gedanken erkannt? Muster entdeckt? Wenn dir jetzt nicht (mehr) gefällt, was du denkst und fühlst, verurteile dich nicht, denke einfach ab jetzt bewusst anders.

Das ist deine Übung für die nächste Woche:

- Achte auf deine Gedanken.
- Nimm sie bewusst wahr.
- Fühle deine Gedanken. Sind sie so, dass du dich gut fühlst?
- Wenn du dich ungut fühlst, schimpf nicht mit dir und schäme dich nicht.
- Nimm die Gedanken einfach wahr und ändere sie derart, dass du dich gut fühlst.

Jedes Mal. Jedes einzelne Mal.

Jeden Tag. Die ganze Woche. Dein

Leben lang.

Fehler machen dich stärker: Resilienz

Machen dich Rückschläge oder Hindernisse im Leben kraftlos? Bist du tagelang „ungenießbar"?

Wie kommst du aus dieser Stimmung heraus?

Und was nimmst du dir daraus fürs „nächste Mal" mit?

Wie du aus solchen „Stimmungen" Kraft schöpfst

Als ich im Jahr 2009 das Buch über Resilienz von Monika Gruhl zur Rezension in die Hand bekam, war das Wort „Resilienz" noch unbekannt für die meisten LeserInnen.

Bekannt war allerdings die durch das Wort bezeichnete Lebenseinstellung. Ich persönlich bin der Meinung, gerade wir, die wir von der Nachkriegsgeneration aufgezogen wurden, haben allesamt viel Potential zur Resilienz.

Mode oder dringend not-wendig?

Vor einigen Jahren schrieb in Österreich die Wirtschaftskammer auf ihre Folder: „Resilienz als Schlüsselqualifikation moderner UnternehmerInnen sowie MitarbeiterInnen".

Und der Autor Gregg Braden widmet dem Thema das Buch „Resilienz in Zeiten der Veränderung".

Resilienz ist in aller Munde – aber hier soll es nicht um eine Worthülse, sondern um die Lebenseinstellung dazu gehen!

In Zeiten von Umbruch haben resiliente Menschen einen eindeutigen Vorteil.

Wir Resiliente sind die „Veränderungstüchtigen" und machen aus noch so schlechten Voraussetzungen immer noch einen Kuchen. (Meine Großmutter beispielsweise kreierte im Krieg den „falschen Mohnkuchen" aus Kaffeesud.)

Was bedeutet nun aber Resilienz?

In unserer modernen Welt beschreibt Resilienz oft die Fähigkeit, sich von etwas bereits Geschehenem zu erholen, beispielsweise von einem niederschmetternden Rückschlag im Leben oder einem traumatischen Verlust, und dabei bzw. dadurch die eigene Persönlichkeit zu stärken.

Bei Resilienz geht es eigentlich ganz banal darum, dass wir nicht nur aus unseren Fehlern lernen, sondern sie auch noch zu einer Stufe unserer Lebensleiter machen.

Sozusagen ist das (als einfaches Beispiel), wie wenn ich mir Kaffee aufs weiße T-Shirt kippe und den Rest auch noch kaffeebraun färbe, weil ich tatsächlich so ein braunes Teil haben möchte. Und ich kaufe mir noch eine passende Hose und eine bunte Holzhalskette dazu. Nicht weil ich aus der Not eine Tugend mache, sondern weil ich aus dem Kaffeeunfall einen sinnvollen Nutzen für mein Leben ziehe.

Kannst du diese Lebenseinstellung trainieren?

Es ist ganz klar, dass jeder seine Einstellung zum Leben ändern kann.

Allein: Auf den Grund,

den Preis

und den Willen kommt es an.

Der Grund muss gut genug sein, dass wir uns aus der Komfortzone herausbewegen. Der Preis (und da ist nicht unbedingt das liebe Geld gemeint, es kann auch Ansehen oder irgendetwas anderes sein, das ich gebe) muss für mich passend sein.

Wenn ich das alles mit mir abgemacht habe, brauche ich noch den Willen, das umzusetzen, was Grund und Preis sind.

Der Rest ist Training. Mit Geduld und Spucke klappt alles. Und wenn es nicht gleich klappt, geht es morgen.

Wir können lernen, an Veränderungen so heranzugehen, dass wir sie mit Leichtigkeit beginnen, weiterbringen und abschließen.

Darum gilt: Resilienz lässt sich lernen und trainieren!

„Resilienz ist die Fähigkeit, Krisen nicht nur zu überstehen, sondern durch die Bewältigung der Krise die eigene Persönlichkeit zu stärken", so die Autorin Monika Gruhl, Trainerin, Einzel- und Teamberaterin, Coach und Mediatorin.

Und weiter: „Resiliente Menschen haben eine Art seelisches Immunsystem, das aus dem Zusammenspiel verschiedener Faktoren erwächst. Diese ermöglichen es uns, unabhängig von den äußeren Umständen und Gegebenheiten gesund zu bleiben oder zu werden, unsere innere Balance zu finden, ein selbstbestimmtes Leben zu führen und versöhnlich mit uns selbst und anderen umzugehen."

Dabei gelten als Basisfaktoren der Resilienz:

- Optimismus
- Akzeptanz
- Lösungsorientierung
- Verantwortung übernehmen / Opferrolle verlassen
- Sich selbst regulieren können (Selbstmotivierung)
- Seine Beziehungen bewusst gestalten/auswählen
- Seine Zukunft bewusst planen

Egal ob du zu den Resilienten gehörst oder nicht – in jedem Fall lohnt es sich zu schauen, welche Potentiale in dir schlummern und erweckt werden möchten.

Du stärkst erst die Potentiale, die du im Ansatz schon lebst. Und entdeckst danach Teile in dir, die du noch nicht so gerne hast, die aber zu dir gehören und auch anerkannt werden möchten.
Denn auch diese bieten dir ungeahnte Möglichkeiten, das Leben leichter zu leben.

Deine Ziele können sein:

- Deine ureigenen Kräfte und Potentiale zu finden bzw. sie zu erwecken
- Balance und Gelassenheit zu finden
- Zu lernen, Rückschläge und Widrigkeiten als Rückenwind für deine Vorhaben zu nutzen
- Zu erkennen, wie du durch den Einsatz deiner Ressourcen und Potentiale noch glücklicher und zufriedener wirst

Das will ich erreichen (Checkliste):

○ ....

○ ....

○ ....

○ ....

○ ....

○ ....

○ ....

○ ....

○ ....

○ ....

Deine Schatztruhe füllen

Dieser Tage hast du vielleicht deine Ressourcenliste (siehe Anhang) ausgefüllt.

Hast du die mehr oder weniger ausgefüllte Liste vor dir liegen und hast dich gefragt, wie es nun weitergehen soll?

Hast du sie weggepackt, weil dir nichts eingefallen ist?
Oder hast du sie dir noch ein weiteres Mal ausgedruckt, weil sie zu wenige Spalten hat?

Hier kommt eine kleine Unterstützung dazu von mir:

Wenn dir nichts einfällt

Ein leeres Blatt vor uns kann uns manchmal blockieren, das ist ganz normal und sogar Schreiberlinge, die Bestseller schreiben, kennen manchmal diese „Leere im Kopf", wenn sie ein leeres Blatt Papier sehen.

Da gibt es einen Trick. Fang einfach an zu schreiben, damit das Blatt nicht mehr leer ist. Wenn du nur irgendwelche Sätze schreibst, die sich halbwegs ums Thema drehen – nach einigen Zeilen, wenn das Blatt schon halb gefüllt ist, merkst du, hier beginnt sich ein roter Faden zu spannen, und dem gehst du einfach nach. Den Anfang kann man einfach löschen. ;-)

Wenn du also deine Ressourcenliste nicht anfüllen magst, beginne mit Spalte 1 und fülle nur diese Spalte aus. Beginne mit Tätigkeiten, die du sicher kannst: gehen, laufen, sitzen, sprechen, Kuchen backen … oops, wo kam denn das jetzt her …?

Ich mache das sehr oft so, wenn ich einen Artikel schreibe. Da sind so viele Ideen, Bruchstücke und Gefühle in mir, die ich ausdrücken möchte, dass ich selber weder weiß, wohin das gehen wird, noch, wo ich anfangen soll.

Also beginne ich mit dem ersten Schritt – dem Schreiben. Dann schreibe ich so vor mich hin, manchmal eine Seite – und *plötzlich* sehe ich IHN – den roten Faden! Und schon – schwupp – sehe ich, wohin die Reise gehen möchte, und daraufhin fallen alle Sätze an ihren Platz. Durch die Technik kann ich die Textpassagen verschieben oder – wenn sie gar nicht passen – löschen.

Viele Schriftsteller machen es so, ein leeres Blatt kann manchmal blockieren. Sie beginnen einfach zu schreiben, plötzlich setzt sich etwas in Gang und sie bekommen schöne Sätze. (Und die Zeiten sind vorbei, wo wir Papier sparen mussten!) Oder im Fall deiner Ressourcenliste wird dir bewusst, was du tatsächlich alles kannst – und welcher Reichtum da in dir steckt.

Nun jetzt geht es weiter. Heute kreierst du dir dein persönliches Schatzkästchen.

Als ich mich vor 15 Jahren selbstständig machte, purzelten die Ideen und Projekte nur so auf mich ein. Zu Beginn verzettelte ich mich, denn jeder meiner Einfälle war es mir wert, weiterverfolgt zu werden, etwas daraus zu machen. Doch niemand kann so viele Projekte auf einmal umsetzen, irgendwo sind Grenzen gesetzt.

Man teilt die Energie nur unnötig auf.

Doch zu Beginn kam eine „gute" Geschäftsidee nach der anderen, es machte mich ganz fertig, nicht alle verfolgen zu können. Einige Zeit später erkannte ich, dass ich niemals alle verwirklichen können werde – doch mir war einfach leid um die vielen Einfälle.

Sich von einer Idee zu trennen ist auch Loslassen und braucht Zeit!

Da kam mir die Idee, mir eine Schatztruhe zu basteln und meine Ideen auf Zettel zu schreiben und dort hineinzutun. So waren sie gut aufgehoben, ich konnte sie von Zeit zu Zeit hervorholen, anschauen und wertschätzen.

Für unsere Fähigkeiten können wir auch solch eine Schatztruhe machen. Wir schauen immer wieder einmal hinein, besonders in Zeiten, wenn wir schlecht drauf sind, weil „wieder einmal nichts klappt" oder „wieder einmal etwas schiefgelaufen ist" oder „das nur mir passiert, weil ich zu nichts fähig bin".

In solchen Momenten schauen wir in unsere Schatztruhe und betrachten all diese Fähigkeiten, die wir haben, und es wird uns bewusst, dass wir in unsere eigene Gedankenfalle getappt sind (Lies hier weiter beim Kapitel „**Gedankenhygiene**".).

Aufgabe:

Such dir einen Schuhkarton oder eine Schachtel und hübsche sie mit buntem Papier, Kleister, Muscheln, Glitzersteinchen etc. auf. Du kannst dir auch eine edle Truhe kaufen oder du hast schon eine hübsche Schachtel zu Hause stehen und wusstest vielleicht nur nicht, was du darin aufbewahren sollst.

Wichtig ist, dass das Behältnis wirklich hübsch für dich ist. Man könnte sagen, es ist du. ;-)

Und jetzt geht es daran, dein Schatzkästchen zu befüllen. Dazu nimmst du eine Ressource nach der anderen und suchst dir ein Symbol dazu aus. Nimm die erste Ressource, die da vielleicht heißt: „Ich kann gut Maschen binden." Als Symbol könntest du zum Beispiel einen roten Bindfaden nehmen oder eine hübsche blaue Schleife, die du zu einer Masche bindest. Das Symbol sollte ganz persönlich sein und für dich stimmig zu deiner Ressource passen.

Nimm dir Tag für Tag mindestens eine Ressource vor, die du für dich mit einem ganz persönlichen Symbol versiehst.

Du hast Zeit.

Eine ganze Woche und noch mehr, denn die Schatztruhe kannst du natürlich immer wieder weiter befüllen. Immer, wenn dir wieder etwas einfällt, was du *auch* noch besonders gut kannst.

(Ausmalbild Schatztruhe, Quelle: http://windowcolor.marabu.com)

Veränderungen im Leben

Mach deinen persönlichen Test, wie hartnäckig du persönlich Veränderungen aus dem Weg gehst. Nicht den bewussten, ich meine Veränderungen von unbewussten Dingen, die uns schon ins Muskelgedächtnis eingegangen sind. Dinge, die wir täglich erledigen, ohne nur einen Gedanken daran zu verschwenden.

Übung:

Mache dir am heutigen Tag ein rotes Kreuz in deinen Kalender. Dann nimm dir in deiner Wohnung den vertrautesten Gegenstand her, den du täglich mehrmals in die Hand nimmst und stelle ihn an einen anderen Ort. Und ab da beobachtest du dich, wie oft du noch zur alten Stelle greifst oder gehst. Wenn du bewusst bei der Sache bist, wirst du dich sofort umstellen können. Doch spätestens nach ein, zwei Tagen, wenn du nicht mehr aufpasst – schwupp, schon stehst du vor der alten Stelle und suchst den Gegenstand. Natürlich achtest du jetzt wieder einige Tage bewusst darauf. Und so arbeitest du dich langsam durch dein Muskelgedächtnis – bis es eines Tages neu programmiert worden ist.

Dann schau auf deinen Kalender und suche den Tag, an dem du begonnen hast.

Wie lange hast du gebraucht, diese Veränderung in deinem Muskelgedächtnis zu bewirken?

Weißt du, wie ich auf die Idee dieser Übung kam?

Ich schreibe hier nichts, was ich nicht selber erlebt oder ausprobiert habe. Und gerade jetzt durchlebe ich diese Phase – ich habe im Bad einen neuen Platz für mein Handtuch bekommen, ich oben, meine Tochter unten (weil der „Babyplatz", den sie bisher hatte, um ihr Handtuch zu erreichen, für sie mittlerweile sehr weit unten ist).

Nun, heute ist es eine Woche und ich greife mindestens einmal am Tag nach dem Duschen zu meinem alten Handtuchplatz, obwohl ich mich da weit aus der Wanne lehnen muss und mein neuer Handtuchplatz sogar viel bequemer erreichbar ist! Ich komme teilweise auf meinen Irrtum drauf, wenn ich das Handtuch schon in der Hand oder schon die Nase drinnen habe oder nur die Fingerspitzen darauf lege – je nach Tagesverfassung.

Das nur, weil ich das eine oder andere Mal beim Duschen nicht bei der Sache bin, nämlich beim Duschen und Abtrocknen – über **Achtsamkeit** habe ich dir auf meiner Online-Zeitschrift Festival der Sinne mehr geschrieben.

Und weil Veränderungen im Muskelgedächtnis ein längerer Weg sind. Eine Woche ist da gar nichts, das Handtuch hing dort jetzt neun Jahre.

P.S.: Ich habe 3 Wochen gebraucht, und du?

So lange können Veränderungen dauern

Diese Übung dient als Beispiel, wie lange Veränderungen dauern können. Wir brauchen schon bei Dingen, die wir bewusst ändern möchten, mindestens zwei Wochen.

Noch viel länger dauert es, bis einzelne Teile von Handlungen bewusst werden. Stell dir vor, du machst eine Masche. Du möchtest sie in einzelne Handbewegungen zerlegen, um sie jemandem aus einer anderen Welt zu zeigen. Dazu musst du dir jede einzelne Handbewegung bewusst machen. Du kannst die Masche binden ohne daran zu denken, aber kaum denkst du darüber nach, was du da eigentlich machst – kommst du durcheinander. Probiere das einmal aus! Wie viele einzelne Handbewegungen machst du? Wie oft irrst du dich? Und wie oft beginnst du von vorne?

Auflösung: Ich komme (ohne den Grundknoten) auf neun einzelne Hand- und Fingerbewegungen, die alle in einer bestimmten Choreografie ablaufen.

Schwierig, gell? Ich hatte damals in der Montessori-Ausbildung meine liebe Mühe damit. Aber wie alles auf der Welt ist auch das reine Übungssache.

Ja und jetzt sind wir beim eigentlichen Thema: Veränderungen brauchen Zeit.

    a. Erstens braucht es Zeit, überhaupt zu erkennen, was wir verändern müssen/sollen (es kann ja sein, dass innerhalb eines ganzen Ablaufes nur eine einzige Bewegung zu ändern wäre ...).

b. Wenn uns das gelungen ist, dauert es nochmal eine Weile, bis wir all unsere automatischen Abläufe aufgespürt und herausgefiltert haben, die wir ändern dürfen, um sie aus dem Muskelgedächtnis zu löschen. Zeitgleich spielen wir neue Abläufe ein, damit es wieder automatisch ablaufen kann.

Einen gewissen Automatismus brauchen wir im Leben, nur kann uns allzu viel davon auch davon abhalten, das Leben zu genießen:

Unser Leben läuft auf Automatismus.

Und wir bemerken all das Schöne gar nicht.

Ausmalbild, Quelle Eva Laspas

Dein Lebenspuzzle

„Deine Lebenspuzzleteile passen genau in dein Spiel und es ist an dir, deine Teile in der Welt zu finden, um daraus dein ureigenes Bild zu machen!"

Puzzelst du gerne? Magst du das Spiel überhaupt nicht, weil es so lange dauert, bis endlich ein Bild entsteht? Oder hast du dich als Kind gerne damit beschäftigt? Liebst du Puzzlespielen über alles und hast jede Menge zu Hause? Verbringst du tagelang mit dem Zusammensetzen eines Bildes?

Wann hast du das letzte Mal gepuzzelt?

Begleite mich auf einen Ausflug über die Grenzen des Puzzlespiels hinaus und entdecke mit mir, was Puzzle und Leben gemeinsam haben.

Der Zufall mit dem Puzzlespiel

Ich bin durch Zufall auf den tiefen Lebenssinn des Puzzlespiels gekommen – das Lebenspuzzle war geboren. Da ich meinen Einfällen und Ideen gerne nachgehe, weil sie mich immer auf einen weiteren Stein in meinem Lebenspuzzle bringen, ging ich an diesem bestimmten Tag meiner Idee nach und kaufte mir ein Puzzlespiel mit 1200 Teilen.

Wenn du jetzt eine Vielpuzzlerin bist, fragst du dich, was daran toll sein soll – naja, wer mich kennt, der weiß, dass ich überhaupt nicht Puzzle spielte. Das ging lange Zeit gar nicht.

Als Kind war es immer der Zwang meiner Mutter, es fertig zu machen. Es durfte nicht liegen bleiben, musste „fertig" gemacht werden. Ich kann mich an ein Spiel erinnern, da waren 1001 rote Rosen auf einem Rosenbusch, es war mehr als mühsam und das genügte, dass ich diesem „Vergnügen" auf alle Zeiten abgeschworen habe. Bis zu diesem bestimmten Tag.

O.k., ich bin jetzt nicht zur Vielpuzzlerin geworden, aber ich habe mir zwei gekauft seit damals, das ist schon viel.

Ich hatte eines Tages in der Früh beim Aufwachen die
Idee, mir ein riesengroßes Puzzle zu kaufen.

Erstaunt über diese Idee begann ich nachzugrübeln, was mir dieses Gefühl sagen wollte und wohin es mich bringen würde. Da fiel mir ein, dass ich bei einer der ersten „Festival der Sinne"-Messen ein Puzzlespiel auf einen Tisch gelegt hatte und es im Laufe des Tages von allen BesucherInnen gemeinsam fertiggestellt wurde.

Es war schön anzusehen, wie sie vorbeischlenderten, Steine probierten, weitergingen, später wiederkamen – wir hatten damals gemeinsam ein Lebenspuzzle gewoben.
Das dürfte der Auslöser für die Idee gewesen sein.

Und nun war es an mir, ein Bild zu machen.

Also, spontane Einfälle – besonders in der Früh nach dem Aufwachen, beim Kochen oder beim Autofahren auf der Autobahn – sind Anzeichen für mich, mein Leben zu ändern oder mich umzusehen, weil ich einen Puzzlestein entdecken könnte.

Sie leiten mich durch das Leben. In meinem „Glückskurs" (für meine Kunden kostenlos) habe ich ein sehr ähnliches Beispiel vom „Lebensweg" beschrieben.

Ich empfinde nach so vielen Jahren Lebenserfahrung,
- **dass ich mein Leben mit ganz besonderen „Steinen" in Form von Talenten, Kenntnissen, Begebenheiten und Begegnungen mit Menschen zusammensetze.**

Und das ist genauso wie ein Puzzlespiel zu legen.

Puzzlespiel – Allegorie zum Leben

Wir kaufen eine Schachtel, alle Teile sind relativ einzeln auf einem großen Haufen in einem Sack. Je nach Typ gibt es ebenso viele Herangehensweisen wie Menschen.

Da sind die einen, zu denen gehörte ich lange Zeit. Sie fangen an zu sortieren. Ich sortierte alle Ecksteine und alle Randsteine. Anderen – wie zum Beispiel meinen Kindern – ist das völlig egal, sie fangen einfach irgendwo an. Mir war lange Zeit völlig schleierhaft, wie sie das schafften.

Lange Zeit baute ich erst den Rahmen aus Eck- und Randsteinen – im Vergleich Leben versus Puzzle begrenzte ich mich dadurch.

Erst dann kam die Mitte. Das war ein relativ umständlicher Weg. So nach dem Motto: „erst die Arbeit, dann das Vergnügen". (Schrecklich, aber das habe ich auch schon abgelegt.) Schließlich wurde ich zu jemandem, der Puzzlespiele gar nicht leiden kann.

Bis zu jenem Tag in der Früh …

… als mir das Puzzlespiel als Allegorie zum Leben einfiel. Ich sah, dass man ein Puzzlespiel auch nach völlig anderen Kriterien spielen kann.

Damals war gerade der Zeitpunkt, wo ich Alleinerzieherin mit zwei Kindern wurde, also knapp nach der Scheidung und dem Auszug des Vaters meiner Kinder. Ich hatte Platz und Lust und ging also mein erstes Puzzle kaufen nach gefühlten 100 Jahren. ;-)

Im Schlafzimmer (meinem Zimmer) richtete ich mir einen Tisch, der für das Puzzlespiel für die kommenden Wochen reserviert war. Ich nahm den Sack mit den Steinen aus der Packung und legte sie auf den Tisch. Diesmal war die einzige Sortierung, die ich vornahm, alle Puzzlespiele mit dem „Gesicht" nach oben zu legen.

Es passten gar nicht alle Puzzlesteine auf den Tisch, viele davon musste ich in die Schachtelhälften aufteilen. Aber damit war auch das Vorlagebild auf der Schachtelvorderseite weg. Ich arbeitete ab da im Blindflug – wie es im Leben auch manchmal ist. ;-)

Täglich blickte ich nun mindestens einmal auf die vielen Teile. **Und ob du es glaubst oder nicht, nach einigen Tagen sprangen mir zwei oder drei Teile nahezu in die Augen, ohne dass ich angestrengt danach suchte.**

Teile, die einfach zusammenpassten. Ich machte mir zwischen all den anderen Steinen ein bisschen Platz auf dem Tisch und fügte die passenden Steine zu einem ersten Mini-Bild zusammen.

In den folgenden Wochen hatten wir ein neues Ritual: Wer an dem Tisch vorbeiging, nahm scheinbar zusammenhanglos passende Steine in die Hand und fügte sie zum Bild hinzu oder begann anderswo einen neuen Bildausschnitt.

Dies war das erste Puzzlespiel meines Lebens, das ich mühelos fertigbaute. Ich hatte keinen Stress, sondern war während der Bauphase sogar neugierig, welchen Stein ich am nächsten Tag entdecken würde.

So entdeckte ich, dass Puzzlespielen sehr viel gemeinsam hat mit dem Leben.

Und genau so können wir natürlich auch unser Leben leben.

Wenn wir unser Leben abstecken mit einem Rahmen, wird es sich in diesem Rahmen abspielen.

Ein Rahmen ist eine fixe Begrenzung, die mir einen Platz zuweist.

Indem ich mir keinen Rahmen mehr gab, sondern einfach begann, Teile zusammenzusetzen, die ich zufällig fand, lebte ich mein „Leben" freier. Zeitgleich träumte ich auch von einem Phönix, der durch eine gläserne Decke hinaus in den Himmel flog. Es tat sich einiges in dieser Zeit damals. Es war meine Art, die Vergangenheit aufzuarbeiten.

Ich entdeckte, dass oft nach einigen Tage, wo Stillstand geherrscht hatte, wieder sehr viele Puzzlesteine an ihren Platz fielen. Genauso ist es auch im Leben.

Es können Tage, Wochen, Monate oder auch Jahre verstreichen, in denen sich scheinbar nichts ändert im Leben. Schaut man aber ganz genau, sieht man, dass sich in dieser Zeit natürlich ganz viel getan hat.

Wir legen nur kein Augenmerk darauf. Selten sehen wir das große Ganze. Und es mag sein, dass viele von uns ihre eigene Arbeit nicht richtig wertschätzen. ;-)

Und nun zu dir – zu deinem Lebenspuzzle
Welcher Puzzlespieltyp bist du?
- Bist du diejenige, die alle Ecken und Randsteine sammelt und einen Rahmen baut?
- Oder stürzt du dich einfach hinein ins Vergnügen?

Aufgabe:

Besorge dir heute ein schönes Puzzlespiel. Damit es richtig lustig ist, eins mit mindestens 1000 Steinen oder mehr.
Richte in deinem Schlafzimmer (oder an einem anderen Ort, wo du jeden Tag mindestens zweimal vorbei-kommst!) einen Tisch, der dort auch wochenlang stehen darf, und beginne, dein Puzzlespiel zu bauen. Ich persönlich sehe das Schlafzimmer als einen idealen Ort, weil du dort mindestens zweimal am Tag sicher hingehst und kein „Ausbüchsen" möglich ist.

Beobachte nun deine Gedanken, Gefühle und Handlungen in den folgenden Wochen – ohne zu werten. Es ist wie es ist.

Es ist ein Spiel!

- Vielleicht kannst du Puzzlespiele auch gar nicht richtig leiden. Das macht nichts. Für dieses Spiel brauchst du kein Puzzlespiel-Fan zu sein.
- Wenn du nun mit der Schachtel vor dem Tisch stehst, achte auf deine Einfälle und Gefühle dazu.
- Vielleicht möchtest du die eine oder andere Herangehensweise ändern?
- Beobachte, welche es ist und ob es ein Spiegel für einen Bereich deines Lebens sein könnte. Frage dich, ob dieser Bereich in deinem Leben Veränderung braucht.
- Spiele dein Puzzlespiel aus deiner Intuition heraus, vielleicht ganz anders, als du es sonst tust.
- Beobachte auch, was sich währenddessen in deinem Leben tut.
- **Betrachte eine Zeit lang das Bild auf der Vorderseite, damit du ungefähr eine Ahnung hast, wohin die Reise geht.**
- Mach die Schachtel auf. Sieh die vielen Steine in dem Sack. Nimm sie heraus, verteile sie auf dem Tisch und in den beiden Schachtelhälften.
- Beobachte dich und deine Gefühle dabei, nimm Widerstände wahr, frage dich behutsam, was sie dir sagen möchten. Wenn es gar nicht mehr geht, mach etwas anderes. Du kommst später sowieso wieder an deinem Puzzle vorbei.
- Wenn du magst, kannst du die Steine aufs „Gesicht" drehen und

- die Vorderseite betrachten. Es kann aber auch sein, dass du viel lieber aus dem Haufen heraus beginnst.
- **Wie in jedem Fall, wenn du etwas Neues tust, kann es sein, dass du einige Zeit nicht puzzeln möchtest.**

Darum ist es auch wichtig, dass du das Puzzlespiel in deinem Schlafzimmer hast. Schlafen gehst du meistens. ;-) So gehst du auf jeden Fall zweimal am Tag an diesem Puzzlespiel vorbei. Schau einfach auf die Steine, nimm die Farben und Bildausschnitte wahr und beobachte, was sich in dir tut. Eines Tages beginnst du und machst dein Lebensbild fertig.

Viel Spaß mit deinem Lebens-Puzzlespiel!

P.S.: Du ertappst dich dabei, dass du etwas auf den Tisch, genau auf die Steine stellst? Dann solltest du zuvor eine Regel aufstellen, die du unter gar keinen Umständen brichst: Das Puzzle muss sauber und frei von Dingen bleiben. Also abstauben ja, abdecken nein. ;-)

In diesem Fall lies noch einmal im Anhang das Kapitel „**Veränderungen im Leben**" Es unterstützt dich auf deinem Weg!

Kreativbild: Kopieren, dein Motiv aufmalen, ausschneiden und puzzeln!

Was bedeutet „Lebenssinn"?

Lass die Suche nach dem Sinn los

Es ist eine sehr mutige Lösung und vielleicht wird sie dich erschrecken, aber es ist eine sehr praktikable Lösung und befreit uns so sehr von einer ewigen Suche.

> „Wenn du etwas suchen willst, gehe es „finden", sonst suchst du ewig."

Du kennst vielleicht die Parabel von dem Mann, der seinen Schatten fangen wollte? Er rannte den ganzen Tag und versuchte seinen Schatten zu fangen. Mal war der hinter ihm, mal vor ihm, doch was immer er auch anstellte, er konnte ihn nicht fangen. Ganz erschöpft setzte er sich gegen Abend auf einen Stein am Wegesrand – und siehe da, da hatte er den Schatten gefangen!

Genauso ist es auch mit dem Lebenssinn – wir rennen umher und suchen, dabei geht es doch um etwas ganz anderes. Wie der britische Schriftsteller, Schauspieler und Regisseur Peter Ustinov einmal gesagt hat:

> „Sinn des Lebens: etwas, das keiner genau weiß. Jedenfalls hat es wenig Sinn, der reichste Mann auf dem Friedhof zu sein."
>
> (Zitat www.natune.net)

Was der Lebenssinn für mich bedeutet

Ich finde diesen Denkansatz so stimmig, da ich vor einigen Jahren auf einen ähnlichen Gedanken gekommen bin. Ich war damals knapp *nicht* in meine Wahlheimat Oberösterreich übersiedelt und dennoch stellten sich einige Veränderungen bei mir vor (oder an ;-)).

Ich überdachte meine berufliche Situation und den Markt. Ich bin schon seit dem Jahr 2000 selbstständig tätig und weiß, dass man als Selbstständige manches Mal auf den „Berg der Erkenntnis" klettern muss, um weit in der Ferne die Veränderungen zu erfühlen.

> *Oben auf dem Berg hat man den größeren Überblick*
> *und kann seinen neuen Lebenssinn klar sehen.*

Nur so erkenne ich Trends und zukunftsweisende Modelle. So erschuf ich damals im Jahr 2000 das nahezu erste „Internetmagazin für Körper, Geist und Seele" und kreierte einen neuen Trend. Aus diesem Internetmagazin heraus entwickelte ich drei Jahre später die „aktive Gesundheitsmesse Festival der Sinne", wo man – als damaliges Novum – Körpertherapien direkt vor Ort ausprobieren konnte.

Als es nun wieder an der Zeit für mich war, auf den Berg der Erkenntnis zu klettern, erstaunte mich der Ausblick. Meist sehe ich einen Weg klar vor mir, doch diesmal sah ich mehrere. Jeder schien mir gleich gut.

Ich habe im Laufe meines Lebens schon so viele Ressourcen gesammelt, dass ich nun wirklich viele Möglichkeiten habe, die ich alle mit Freude und Erfüllung tun kann. Die Qual der Wahl habe ich jetzt allerdings schon.

Auf meine Frage an meinen inneren Beobachter, was das jetzt bedeuten würde, sagte er:

> *„Der Sinn des Lebens ist nicht DER EINE Sinn.*
> *Der Sinn ist, dass du dich ausprobierst, dass du dich in*
> *möglichst vielen Facetten selber gebierst und Freude*
> *hast am Leben."*

WOW – da saß ich nun und konnte wählen! Mir war glasklar, dass alles, was auch immer ich mit Freude entscheiden wollte zu tun, genau das Richtige sein würde.

Aufgabe:

Nimm deine Ressourcenliste heraus und schau, was du **mühelos** tun kannst – das ist dein Talent. Entschließt du dich, dein Talent zu leben, wird sich tatsächlich das Füllhorn über deinem Kopf öffnen!

Lerne deine Komfortzone kennen

Wenn du das Kapitel „**Veränderungen im Leben**" gelesen hast, hast du vielleicht deine Komfortzone entdeckt. Unter Umständen ist es ein bequemer Fernsehsessel oder dein Sofa. Die Komfortzone kann aber auch deine Arbeitsstelle oder deine Beziehung sein.

In jedem Fall ist es etwas, worin du dich sehr sicher fühlst und dich dennoch langweilst. Und gerade deswegen sind wir oft verwirrt – wenn wir uns doch so sicher fühlen, so gemütlich und fein, warum nagt hie und da ein kleines Stimmchen an mir, das mir einflüstert, mein Leben sei leer?

Die Arbeit eigentlich fad, aber die Kollegen nett, daher bleibe ich?

Der Partner nett und wir haben ja schon so viel miteinander erlebt, aber es fehlt das „gewisse Etwas"?

Kennst du das auch? Ich zumindest kenne es – sehr lange Zeit war ich zwar in meinem Leben „sicher", hatte alles, die Kinder waren dabei „groß zu werden", jeder Tag lief wie gut geölt. Trotzdem hatte ich dieses nagende Gefühl, dass das Leben an mir vorbeilief.

Woher kommt die Komfortzone? Wofür ist sie da und wie kann ich sie nützen?

Teile unseres Gehirns arbeiten immer noch so wie in der Frühgeschichte der Menschheit. Und genau diese Teile sind für unsere Sicherheit zuständig. Sie haben bisher ihre Arbeit wunderbar erledigt, denn sonst wären wir bereits ausgestorben.

Das Gefühl „sicher" zu sein ist für unser Überleben notwendig.

Beachte bitte die Schreibweise! Not-wendig. Eine Not wird abgewandt. In der Steinzeit war so vieles not-wendig, das heute nicht mehr wirklich wichtig ist und uns nur im Voranschreiten behindert.

Ich habe schon einiges davon aufgespürt – es betrifft Ernährung, Sicherheit,

Sexualität (Fortpflanzung). Das sind unsere Grundbedürfnisse. Das „Tier" in jedem von uns erwacht, wenn wir in einem der Bereiche Mangel leiden oder zu leiden vermeinen.

Hier gilt es, sich immer wieder den Urinstinkten zu stellen und sich bewusst zu machen – und das geht nur über Gefühle –, dass jetzt andere Zeiten angebrochen sind. Es gilt, deinen Sicherheitswächter fühlen zu lassen, dass auch das Verlassen (oder Erweitern) der Komfortzone dein Leben nicht bedroht.

Weil – und jetzt kommt es – unser Unbewusstes auch seine Hand im Spiel hat, wenn es um Geld geht.

Und da wir alle unterschiedlich sind, gibt es unzählige Varianten, wie sich dein Verhinderer zeigen kann. Das kann vom Drang nach Fensterputzen bis hin zu einem verknacksten Knöchel alles sein, das dich daran hindert, eine ganz bestimmte Sache zu tun oder etwas zu sein.

Was du dir in dein Leben rufst

Und, ja leider, wirklich alles, was wir in unserem Leben er-leben, haben wir auf die eine oder andere Art selber ins Leben gerufen. Die tatsächliche Erlösung kommt, indem wir uns fragen, was diese Sache mit uns zu tun hat, was wir daraus lernen können, welches Glück wir vielleicht auch damit erfahren. Bei sozusagen „freudigen" Dingen erscheint es uns leicht, das Glück zu sehen, doch wenn es eine Sache ist, die unangenehm oder gar traurig ist, versagt diese Sichtweise oft.

In meinen Seminaren gab es natürlich einen Aufschrei, wenn ich das sagte – denn gerade wenn es um ganz schreckliche Dinge wie den Verlust eines Kindes oder Partners geht, kann sich niemand vorstellen, dass das für ihn gut wäre.

Vielleicht, wenn wir es zulassen und nach einiger Zeit unsere Trauer loslassen können, erkennen wir den tatsächlichen Wert. Es könnte ja sein, dass es der größte Liebesdienst des Kindes oder Partners war, den wir bekommen haben – um selber etwas ganz Bestimmtes zu erfahren. Viele Menschen schreiben, dass sie nur durch so einen heftigen Schicksalsschlag den Weg eingeschlagen haben, der sie zum heutigen Glück geführt hat.

Leider nehmen wir es weder als Akt der höchsten Liebe wahr, noch sehen wir die Möglichkeit eines Vorteils in diesem offensichtlichen Unglück.

Du schüttelst den Kopf? So seltsam ist das gar nicht – schau ins Tierreich, stellen sich da Eltern nicht mutig dem Feind, um ihr Leben zu geben und das ihrer Brut zu sichern? Und tun sie das nicht aus Liebe? Und wieso sollten wir Menschen da anders sein?

Ich habe Geschichten von Menschen gehört, da war der tragische Verlust eines Kindes der Auslöser für ein Leben, das anderen Menschen Kraft und Mut spendete. Die Frau hatte Erfüllung gefunden, indem sie vielen anderen Menschen Mut und Trost spenden konnte, weil sie selber etwas durchlitten hatte.

Es ist immer so, dass wir aus der heutigen Perspektive nicht erkennen können, wozu das eine oder andere in unser Leben getreten ist und wann oder wobei wir es uns gerufen haben.

Zum Abschluss

Vielleicht kennst du die Geschichte von dem Mann mit dem kräftigen Schimmelhengst. Der lief ihm davon und alle im Dorf bedauerten ihn. Doch er sagte: „Ob das ein Unglück oder ein Glück ist, kann ich nicht sagen." – Ein Jahr später kehrte der Schimmel zurück und brachte eine ganze Herde mit Stuten und Fohlen mit. Die Dorfbevölkerung beglückwünschte ihn. Doch er sagte: „Ob das ein Unglück oder ein Glück ist, kann ich nicht sagen." – Eine Zeit später brach sich sein einziger Sohn den Rücken, als er auf dem Schimmel ritt – er konnte fortan nicht mehr gehen. Da bedauerten die Leute den Mann wieder, doch er sagte: „Ob das ein Unglück oder ein Glück ist, kann ich nicht sagen." – Ein Jahr später begann ein Krieg und alle jungen Männer des Dorfes wurden eingezogen und starben darauf im Krieg, nur der Sohn des Mannes nicht … Und nun – wer vermag zu sagen, was Glück und was Unglück ist?

Lies dazu auch das Kapitel **„Komfortzone – erweitern oder sprengen**."

Wer vermag zu sagen, was Glück und was Unglück ist?

Gedankenhygiene

Oftmals bin ich in Artikeln für unterschiedliche Medien schon auf die wichtige Tatsache eingegangen, dass Wörter, die wir aussprechen, etwas mit uns machen. Wörter sind Energie, sie schwingen und erzeugen Schwingung in uns und unserem Gegenüber.

Und seit Masaru Emoto, der mit seinen Wasserkristallen eindeutig nachgewiesen hat, welche Wirkung Wörter in Wasser erzeugen, brauchen wir nur mehr 1 und 1 zusammenzuzählen – bestehen wir doch aus über 70 % aus Wasser.

Achte also darauf, was du sagst!

Wenn wir so halbwegs unsere Wortwahl beherrschen gelernt haben, können wir damit beginnen, unser Denken zu beobachten, uns der Gedankenhygiene zuzuwenden. Und da tut sich ein weites Feld auf.

Beobachte deine Gedanken

Hängst du öfter mal im Negativen?
Welche Gedankenstrukturen herrschen bei dir vor?
Wie denkst du über dich?

Probiere in den nächsten Tagen *bewusst* deine Gedanken zu reinigen. Versuche, das, was du vermeiden möchtest, positiv auszudrücken.

Nimm einen x-beliebigen Satz und mach ihn positiv. Also z.B.:

Ich darf nicht vergessen, meinen Schlüssel mitzunehmen.

Änderst du in:

Ich erinnere mich daran, meinen Schlüssel mitzunehmen.

Manchmal scheint es einfach nicht möglich, das Negative zu umschreiben, ohne negative Wörter zu verwenden. Was tun wir stattdessen? Dann lassen wir es.

Unproduktiver Gedankenkreislauf

Abgesehen von unserer Prägung, kann auch eine gewisse körperliche Schwäche unproduktive Gedankenkreise hervorbringen. Ich bin viele Jahre TCM-Ernährungsberaterin gewesen – aus Sicht der TCM bedingen sich körperliche Symptome und Emotionen in Wechselwirkung.

> *Eine bestimmte Emotion kann ein bestimmtes körperliches Symptom hervorbringen und umgekehrt.*

Im Falle der kreisenden Gedanken geht es um Milz/Bauchspeicheldrüse und Magen, das Element „Erde". Im Kreislauf der Natur entspricht das dem Spätsommer, aber auch kurzen Zeiträumen zwischen den einzelnen Jahreszeiten – also immer, wenn Veränderung ansteht, wird das „Erdelement" besonders beansprucht.

Bist du gut geerdet, finden deine Gedanken ein Ziel. Du begegnest einer Herausforderung, erzählst einem Teil deines Gehirns die Aufgabe und es findet für dich eine Lösung. So ist der normale Weg. Dein Unterbewusstes wiegt alle Für und Wider (nach deinen Glaubenssätzen gefärbt) gegeneinander ab und präsentiert dir die ultimative Lösung.

Doch nicht immer läuft das auch so glatt ab. Manchmal ist der Geist nicht geerdet, die Energie verpufft und die Gedanken kreisen ständig um sich selber, ohne das Ziel zu erreichen.

Hier kannst du dir helfen, indem du mehr schläfst, Gemüse isst, das aus der Erde stammt (Wurzel), und dich mit der Farbe Gelb umgibst und sie auch visualisierst. Außerdem hilft dir Qi Gong, Tai Chi, aber auch Yoga.

Übung 1 für deine Gedankenhygiene

Unerwünschte Wirkung von Worten ändern: statt „weg von" „hin zu"
– verändere diese Sätze zum Positiven:
- Stelle dir keinen rosa Elefanten vor.
- Ich darf meinen Schlüssel nicht vergessen.
- Ich bin nicht krank.
- Krankenhaus
- erziehen
- müssen

- bemühen
- Problem
- Setze die Liste selber fort – nutze dazu ein Notizbuch …

Auflösung der Übung 1:

- Stelle dir keinen rosa Elefanten vor. – Stelle dir ein schwarzes Pferd vor.
- Ich darf meinen Schlüssel nicht vergessen. – Ich erinnere mich daran, meinen Schlüssel mitzunehmen.
- Ich bin nicht krank. – Ich bin gesund.
- Krankenhaus – Spital
- erziehen – vorleben
- müssen – dürfen
- bemühen – sein Bestes geben
- Problem – Herausforderung

Übung 2 für deine Gedankenhygiene

Wir wissen, dass wir JETZT leben. Unsere Zukunft haben wir immer im JETZT gestaltet, bis sie Vergangenheit wurde. Wenn ich das JETZT fein einrichte, war es fein und wird es fein sein. Es wird sein, wie ich es einrichte, mit Gedanken, Worten und Taten. Wenn ich das JETZT durch Ärger und andauernde negative Emotionen auflade, wird aus dem JETZT mein GESTERN und mein MORGEN wird aus demselben Stoff geboren werden.

Das JETZT ist das GESTERN vom MORGEN.

Aus diesem Grund habe ich vor einigen Jahren ein Spiel mit meinen Kindern (damals 8 und 9 Jahre) begonnen: Jeder erzählte am Abend etwas von seinem Tag – es sollte möglichst etwas Positives sein (damit wir mit einem guten Gefühl schlafen gehen). Sollten scheinbar nur unangenehme Dinge gewesen sein (?!), durften wir diese ausschließlich in positiven Worten erzählen. Zu vermeiden waren die Worte: kein, nicht, schlecht etc.

Es dauerte eine Weile, bis wir in Fluss kamen.

Zuerst kam uns ziemlich häufig *genau* das in den Sinn, was nicht so gut gelaufen ist. Es war eine Qual, Dinge positiv auszudrücken. Verneinungen wegzulassen, Wörter positiv auszudrücken – zumindest irgendetwas Gutes daran zu sehen.

Das dauerte einige Tage. Doch nachdem wir unsere Gehirne angewiesen hatten, untertags Augenmerk auf das zu legen, was uns gefallen hat, sammelten wir während des Tages schöne Erlebnisse, um sie den anderen erzählen zu können. Und plötzlich purzelten auch diese Erlebnisse.

Probiere es aus mit deinem Partner, deinen Kindern:

Am Abend – fünf Minuten nur – erzählt jeder die Erlebnisse seines Tages, jeder das, was ihm wichtig war/ist – aber Achtung: Vermeide alles Negative, bleibe positiv! Wenn das nicht gleich klappt: Bleib dran! Es ist noch kein Meister vom Himmel gefallen.

Notiere hier deine Beobachtungen und Gedanken zu dieser Übung:

....

....

....

....

Job, Arbeit oder Beruf – ein Perspektivenwechsel

Vor einigen Tagen hat mich eine Leserin angeschrieben, sie hätte immer massive Widerstände, wenn sie in die Arbeit gehen soll. Irgendwie hat da der innere Wächter das Thema „Arbeit" unter „gefährlich" eingestuft. Sie bekommt sehr schlechte Gefühle, wenn sie nur daran denkt.

Das hat mich auf den Gedanken gebracht, über die Begriffe Arbeit, Job und Beruf nachzudenken. Vielleicht geht es auch dir so? Lustlosigkeit oder gar körperliches Unwohlsein, wenn du daran denkst, wieder in die Arbeit zu müssen?

Du kannst natürlich einwenden:
„Ja, o.k., wenn der Job nicht passt, suche ich mir einen anderen." – Das geht sehr gut, solange wir jung sind, aber leider ist der Arbeitsmarkt völlig irrational und ab einem bestimmten Alter beginnt das „Durchbeißen, bis zur Pension".

Doch ich frage dich:
Ist es ein Lebensziel, die besten Jahre seines Lebens derartig wegzuwerfen und sich „durchzubeißen"? (Ganz abgesehen davon weiß niemand von uns, ob und wann wir die Pension erreichen.)

Job, Arbeit oder Beruf – ein Vergleich

Früher galt es, sich und seine Familie am Leben zu erhalten. Das kostete mehr oder weniger Anstrengung und recht früh das Leben.

Einige wenige Menschen erschufen etwas, was die Allgemeinheit brauchen konnte. Kleidung, Gebrauchsgegenstände, andere konnten besonders gut Nahrung zubereiten, wieder andere kannten sich mit Kräutern aus, hatten ein ganz besonders gutes Gedächtnis, um Ereignisse „aufzubewahren" oder konnten gar mit der „Anderswelt" als Schamanen verhandeln.

Diese Menschen waren besonders anerkannt und geachtet und wurden von der Gemeinschaft erhalten, da sie ihre Talente zur Verfügung stellten.

Diese Menschen waren die „Berufenen" – schon als Kinder hatten sie einen besonderen inneren Ruf gehört, dem sie gefolgt waren.

Wenn wir jetzt sehr kurzsichtig sind, könnten wir glauben, dass die einen mehr wert waren als die anderen. Und aus diesem Gedanken heraus wurde das Klassendenken geboren.

Die, die „nur" jagen gingen, „nur" das Feuer versorgten" oder gar „nur" Kinder aufzogen, die hatten einen Job.

Die anderen, die etwas produzierten, das man sehen konnte, taten „echte" Arbeit und die, die kaum spürten, dass sie etwas schufen, weil es so mühelos ging, die Gelehrten oder Schriftsteller, die waren die Berufenen.
Doch so etwas wie eine Wertigkeit gibt es nicht – denn **jedes Menschenleben hat einen ganz bestimmten Wert für die Allgemeinheit**. Und ich bin der Meinung, dass auch jeder Mensch seinen Ruf hat, auch wenn er ihn nicht gehört hat, sich dessen nicht bewusst ist oder ihn schlichtweg absichtlich überhört.

Ich vergleiche es gerne mit einem Kaleidoskop – **würde da nur ein einziger grüner oder blauer Stein fehlen**, wäre das ganze Kaleidoskop anders als es jetzt ist. Oder?

Die Menschen, die eine besonders „offensichtliche Gabe" haben, wie Schuhe oder Kleider machen oder Bücher schreiben etc., sind nicht mehr wert für die Menschheit als die, die besonders gute Tränentröster sind oder liebevolle „Kollegenaufmunterer".

Wir alleine haben diese unpassende Klassifizierung erschaffen.

„Sobald wir etwas miteinander vergleichen, erschaffen wir Leid."

Job, Arbeit oder Beruf

Wenn wir auf die Spuren dieser drei Wörter gehen, finden wir:
- Unter **Job** verstehen wir eine vorübergehende einträgliche Beschäftigung, um Geld zu verdienen.
- Die **Arbeit** ist etwas, dem wir nachgehen, um den Lebensunterhalt bestreiten zu können, und eher etwas, das damit zu tun hat, ein Produkt zu erschaffen.
- **Beruf** ist eine Betätigung, die mit einer besonderen Eignung, Neigung und Ausbildung einhergeht.

Überlege einmal, was du machst, um dich am Leben zu erhalten.
- Eine Arbeit?
- Einen Job?
- Oder einen Beruf?

Kannst du den Unterschied fühlen?
Mach dir den Unterschied bewusst, lass dir die Worte und ihre Bedeutung auf deiner Zunge zergehen. (Ich persönlich finde es ganz unpassend, dass sich das Arbeitsamt als „Jobcenter" versteht. Was bitte möchte man den Menschen vermitteln?)

Unzufriedenheit im Job?

Wenn du unzufrieden in deinem Job bist, kann ich das verstehen. Es ist ein Job und nicht dein Beruf. Du fühlst keine besondere Begabung oder gar Neigung, täglich 8 Stunden an der Kassa zu sitzen oder Regale einzuräumen, die sowieso wieder ausgeräumt werden?

Entscheide dich um! Du hast immer die Wahl.

Ich persönlich z.B. mache keinen Job. Niemals ist irgendeine Arbeit, die ich leiste, ein Job. Ich gehe immer einer Berufung nach. Da ich selbst-ständig bin, höre ich auf den Ruf meiner Kundinnen:

- Was brauchen sie,
- was liegt ihnen am Herzen,
- wo setzen sie ihren Schwerpunkt und
- worin kann ich sie unterstützen?

Diese Fragen kannst du auch für deine Arbeitsstelle anwenden und so aus deinem Job deinen Beruf machen.

Diese Um-Entscheidung heißt Perspektivenwechsel.

Wenn dir bestimmte Schuhe Druckstellen hinterlassen, hast du zwei Möglichkeiten:

- Du änderst sie (vergrößern, ausschneiden, abschneiden …) oder
- du schmeißt sie weg.

Bei allen anderen Dingen im Leben hast du noch eine weitere Möglichkeit, dass sie nicht mehr drücken:

Du änderst deine Perspektive – und zwar auf eine Weise, dass du anders empfindest als vorher und damit den Druck tatsächlich nicht mehr spürst. (Lies dazu die Geschichte vom „Mann mit dem Schimmel" im Kapitel "Lerne deine Komfortzone kennen")

Wenn du deinen Job nicht wegschmeißen willst, verändere ihn so, dass er dir wie maßgeschneidert passt, oder verändere deine Perspektive, damit deine Einstellung zu ihm und mache daraus deinen Beruf. (Nur das Raunzen über den miesen Job sollte aufhören, denn das zieht dich hinunter!)

Perspektivenwechsel: aus Job wird Beruf

Wenn dich dein Job nicht (mehr) freut, liegt es auch daran, dass du ihn so nennst. Es hängt mit deiner Wertschätzung dir selber gegenüber zusammen, dass du das, was du tust, als „Job" betitelst.

Gemäß dem allgemeinen Sprachgebrauch sagst du dir selber dadurch, dass es nur auf Zeit ist. Und damit eigentlich „nix wert".

- Wozu also viel Engagement hineinlegen?
- Wozu Kontakte knüpfen?
- Wozu sein Herz daran hängen?

Und hier ist sie schon wieder – die Katze, die sich in den Schwanz beißt. Wenn du kein Herz in die Sache legst, macht sich das in deiner Arbeitsleistung bemerkbar und tatsächlich hast du den Job vielleicht nicht sehr lange.

Punkt 1:

Ändere also gleich JETZT die Bezeichnung in Arbeit. Das ist der erste Schritt, es ist leicht, sich ein Wort im Sprachgebrauch umzugewöhnen. Oder?

Lösche einfach das Wort „Job" aus deinem Sprachgebrauch. Ersetze das Wort Job durch „Arbeit" oder gleich durch „Beruf".

Punkt 2:

Nun geht es darum, dass du deine Gefühle in Bezug auf deine Arbeit veränderst. Da sehe ich zwei Wege:
Du suchst dir eine Möglichkeit, etwas daran zu lieben. Und zwar so zu lieben, dass du dich total freust, es zu haben, während du arbeitest. (Lies dazu das Kapitel **„Veränderungen im Leben"**). Das können Kollegen sein oder die Fliesen am Boden, die Musik in der Arbeit oder das Gefühl der Zufriedenheit, wenn du nach einem Arbeitstag nach Hause gehst. **Im besten Fall ist es die Möglichkeit, dein Potential zu leben, deine Fähigkeiten auszuprobieren und anderen Menschen dienlich zu sein.** Und unter diesem Aspekt kann jeder seine Arbeit zum Beruf machen.

Du erkennst deinen Wert, warum du *genau* jetzt an dieser Arbeitsstelle bist. Du suchst dir eine Aufgabe „hinter" deiner Aufgabe. Du bist nicht nur dazu da, die Regale einzuräumen, sondern du hast die Möglichkeit, Menschen zuzulächeln und damit glücklich zu machen oder auch die Ware zu segnen.

Hast du dir schon einmal überlegt, wie viele Menschen du als Kassiererin täglich glücklich machen kannst? Dass du bald eine Quelle für Glücksgefühle sein wirst, wenn du deinen Kunden an der Kassa ein Lächeln vom Herzen schenkst oder ein paar nette Worte? Ich habe das viele Jahre vor meiner Selbstständigkeit zelebriert. Wir hatten Spaß an unserer Arbeit und die Kunden kamen gerne zu uns einkaufen.

Ganz zu schweigen von dem Beruf der Mutter.

Selbst wenn du in einem staubigen Bucharchiv sitzen würdest, könntest du in deiner Arbeit eine Berufung sehen: die Werke, die in deiner Obhut stehen, für die Zukunft zu archivieren (und so andere Menschen später glücklich zu machen). Oder gar diejenigen mit liebevollen Gedanken zu bedenken, die die Werke vor Jahrhunderten verfasst haben.

Ich zum Beispiel schaue mir jedes Jahr, wenn ich meine alten Buchhaltungsordner ausleere, alle Rechnungen von vor sieben Jahren an und segne jeden einzelnen meiner damaligen Kunden. Das kannst du ver-rückt nennen, doch ich bin fest davon überzeugt, dass das eine positive Wirkung auf diesen Menschen hat.

Wichtig ist also nicht, ob es rational erklärbar ist, was du an deiner Arbeit zu lieben beginnst, es muss *fühlbar* sein. Und es ist egal, ob du rational erklären kannst, was du für die Menschheit leisten kannst, an diesem Platz, wo du jetzt stehst. Es reicht, wenn du es fühlst.

Wichtig ist, dass du fühlst: Du bist wertvoll und ein einzigartiger Stein im Kaleidoskop der Menschheit.

Übung:

Mach 21 Tage eine Übung, die dein Selbstbewusstsein stärkt. Notiere dir täglich am Abend in dein Schreibheft fünf Dinge, worin du besonders gut bist.

Schreibe sie einzeln auf und pauschaliere nicht:
- Ich kann gut Vanillekipferl backen.
- Ich verstehe es, den Garten zu einer blühenden Pracht zu bringen.
- Ich dekoriere leidenschaftlich das Badezimmer.
- Ich male gerne Strandbilder.
- ...
- ...

Nahrung – Streicheleinheiten für die Seele?

Isst du auch manchmal das eine oder andere Stück Schokolade oder Chips und fragst dich, warum du das jetzt unbedingt essen musstest?

Ich kenne das, lange Zeit war mir nicht bewusst, warum ich manchmal einfach naschen möchte. Ich bin keine Süßesserin, bei mir sind es Chips, Popcorn oder ein Stückchen Käse.

Nachdem ich das beobachtet hatte und mich jedes Mal außerhalb der Mahlzeiten, ehe ich etwas in den Mund gesteckt habe, fragte: „Warum?", kam ich auf mein Muster. Ich esse, wenn ich eigentlich schlafen gehen sollte. Und wenn die Menstruation näher rückt.

Das ist wirklich eine Krux. Da sitzt du nach dem Mittagessen im Büro und bist einfach nur müde. 10 Minuten kurz die Augen geschlossen wären ein Hit.

Oder der Kurs dauert am Abend so lange, dass dich nur mehr Nahrung am Wachbleiben hält.

Wenn du dir dessen bewusst bist, bist du auf dem Weg der Besserung. Denn du weißt, warum du isst. Ob du hungrig oder müde bist.

So kannst du für Alternativen sorgen. Vielleicht gibt es ja doch eine Möglichkeit, ein Nickerchen zu machen. Nur hast du sie bisher nicht entdeckt. Auf alle Fälle habe ich dir weiter unten eine Übung vorbereitet.

Gedanken über die Ersatzhandlung „Nahrung"

Das erste, das wir wirklich gut können, sobald wir auf der Welt sind, ist saugen. Über das Saugen bekommen wir nicht nur Nahrung, sondern auch unsere emotionalen Bedürfnisse gestillt. Auf dieser Welt sind wir im dualen Prinzip von Lust und Unlust gefangen. Ziemlich nach dem ersten Schrei geht das schon los.

Wir bemerken, dass es Dinge gibt, die uns Lust und solche, die uns Unlust machen. Wenn wir Unlust empfinden, machen wir uns bemerkbar. Schon bald lernen wir, dass jemand kommt und aus der Unlust Lust zaubert.

Und hier entsteht auch schon unser erster Eindruck von dieser Welt, zu diesem Zeitpunkt lernt der innere Wächter sein erstes Programm.

Er lernt, was getan werden muss, damit die Unlust in

Lust verwandelt wird.

Er lernt,
- wie lange man quengeln muss und
- wie laut das sein muss,
- ob es überhaupt gelingt, dass jemand kommt, und
- wie genau die Unlust in Lust gewandelt wird.

Es braucht Zeit, bis von unserer Umwelt die tatsächliche Ursache erkannt werden kann. Daher hat die Natur ein einfaches Mittel gefunden, mit dem für einige Zeit alle Unlust umgewandelt werden kann: das Saugen.

Du weißt, mit einem Schnuller oder dem Daumen kann ein Baby für einige Zeit zufriedengestellt werden.

Aber auch darauf konditioniert werden.

Wenn wir erwachsen sind, haben wir gelernt, – ohne nachzudenken – etwas in den Mund zu stecken. Ob Süßigkeiten, Obst, eine Zigarette oder was auch immer.

Ja, auch Zigaretten gehören dazu: Wenn du selber nicht rauchst, frag einen Menschen, der raucht, wann er das macht. Da bekommst du unterschiedliche Auskünfte, z.B.:
- wenn ich Hunger habe,
- Durst,
- Kälte,
- Hitze,
- Langeweile (weiß nicht, was ich mit den Händen tun soll),
- Zuwendung brauche,
- müde bin,
- ...

Die Art und Weise, wie wir als Kind genährt und getröstet werden, prägt sich tief in unser Gedächtnis ein und unser Empfinden, **ob von dem, was wir brauchen, genügend da ist.**

Und das prägt uns und unseren späteren Umgang mit allen Ressourcen, die wir von außen bekommen. Oder glauben, bekommen zu müssen. Liebe, Nahrung, Geld, Dinge, ...

Das Gefühl „immer alles zu haben, was wir brauchen" bestimmt im weiteren Lebensverlauf nicht nur unsere Einstellung zum Essen und zur Nahrungsaufnahme, sondern verblüffender Weise auch zum Geld.

Vom Nuckeln zur Fülle im Leben

Nuckeln ist ein orales Bedürfnis eines Babys und es wird nur zum Teil über die Nahrungsaufnahme befriedigt. Zusätzlich zur Nahrungsaufnahme prägt auch die Art und Weise, wie das Kind gefüttert wird, seine Erfahrungen.

Diese Prägung geht so tief ins Unterbewusstsein, dass spätere Störungen oft darauf zurückgeführt werden können.

Normalerweise geschieht durch das innige und liebevolle Füttern und Versorgt-Werden eine enge Vernetzung von Gehirn und Magen-Darm-Trakt, durch die wir lernen, uns mit uns selbst und unseren physischen Bedürfnissen wohl zu fühlen.

Nahrung – orale Ersatzbefriedigung

Menschen, deren orale Bedürfnisse in der frühen Kindheit nicht ausreichend befriedigt wurden, versuchen im späteren Leben immer wieder unbewusst, diesen Entwicklungsschritt nachzuholen.

- Daumenlutschen,
- Rauchen,
- Fingernägelkauen,
- Esssucht.
- Drogen.
- Alkohol und
- **andere Süchte,** dazu zählen nach dem neuesten Stand der Dinge auch Geldprobleme,

sind einige der Ersatzbefriedigungen.

Comfort Food

Dr. Christiane Northrup beschreibt in ihrem Buch „Mutter Tochter Weisheiten", wie Essen die Seele bestimmen kann:
„Dieser amerikanische Ausdruck gilt für Lebensmittel, die wir essen, wenn wir uns einsam oder leer fühlen. Häufig sind es Speisen, die wir aus unserer Kindheit kennen, wie Nudeln oder Kartoffelbrei. Wenn es heißt, dass man diese Gerichte aus gesundheitlichen Gründen nicht essen sollte, reagieren wir darauf meist völlig irrational, so wie eine Freundin, die neulich zu mir sagte, dass sie keine Bohnen mehr essen sollte, weil diese zu viele Kohlehydrate hätten, am Vortag aber mit viel Appetit nacheinander Käsekuchen, Baguette und Nudeln verspeist hatte! Als ich sie fragte, weshalb sie nicht einfach mehr Gemüse und Obst esse, erwiderte sie, ‚das verträgt mein Magen nicht'. Wenn Sie bei dem Thema so viel Irrationalität begegnen, können Sie sicher sein, dass diese den Gefühlen aus der nonverbalen Zeit vor dem dritten Lebensjahr entspringt!"

Fazit

Als „Essen für die Seele" braucht jeder von uns Unterschiedliches. Die schönste Nahrung für die Seele sind:
- Streicheleinheiten,
- Küsse,
- berührt und gehalten werden.

Dazu brauchen wir auch unseren Mund, unsere Hände, unseren Körper.

Wenn wir davon ausgehen, dass wir jedes Mal, wenn wir Naschereien in den Mund stecken, eigentlich gehalten werden möchten und Trost brauchen, gelingt uns der Schritt vom „Essen für die Seele" hin zur „Nahrung für die Seele" ... ;-) und das macht uns ungleich schlanker.

Übung – arbeite mit dir selber:

(Wenn du dir nicht sicher bist, ob dein Essverhalten „normal" ist, sprich mit einem Arzt oder Therapeuten darüber. Sicher ist sicher.)

Mit der Ernährung können u.a. zusammenhängen:
- Selbstwertgefühl
- Sicherheitsgefühl im Leben
- Geld

- Sexualität
- Partnerschaft
- Schlaf
- Atmung

Was du tun kannst:

In jedem Fall kannst du dich genau beobachten,
- wann du zwischen den Mahlzeiten, ohne Hunger zu haben, etwas in den Mund steckst,
- warum du das machst,
- was die ursprünglichen Gefühle sind.

Das kann sein:
- Langeweile
- Müdigkeit
- Durst
- Stress
- Ärger
- Trauer
- Möchte gehalten werden
- Brauche Sex

Wenn du dir eine eigene Regel daraus machst, dass du immer erst nachfühlst, was du wirklich brauchst – ehe du etwas in den Mund steckst – und es dir auch nach Möglichkeit gibst, hast du schon einen großen Schritt in die richtige Richtung gemacht.

Ein Hinweis, wie du dein Leben zurzeit empfindest, kann auch sein, was du besonders gerne isst:

- Harte Nahrungsmittel (du musst dich durchbeißen).
- Weiches, Molliges (du willst gehalten werden, brauchst Schutz).

Erkenne dein eigenes Bedürfnis nach „Genährt-Werden" an und lerne, dich selbst auf gesunde Weise zu trösten.

Nachsatz zum Thema Nahrung und Geld:

Einen direkten Zusammenhang zwischen Nahrung und Geld habe ich aus psychologischer Sicht nicht dokumentiert gefunden. Durch Gespräche mit Frauen über viele Jahre habe ich persönlich doch den Eindruck gewonnen, dass Geld und Nahrung miteinander zusammenhängen.

Vielleicht kommt das daher, dass wir als Kinder beides irgendwann miteinander verknüpft haben, weil wir hörten: „Ohne Geld kein Essen."

Einen Zusammenhang finde ich aber mit dem Thema „Sucht". Unterschiedliche Begebenheiten und Traumen in der Kindheit führen zu einem Suchtprofil. Ebenso hat die Generation, in der du aufgewachsen bist, Einfluss.

Stammst du, so wie ich, direkt aus der Nachkriegsgeneration, hast vielleicht auch du von deinen Eltern unbewusst das „Nicht-genug-Haben" mitbekommen. Denn als sie Kinder waren, gab es tatsächlich weder „genug" Nahrung noch Geld.

Da war man einfach sparsam – Essen und Geld wurden rationalisiert.

Ich sehe das so:
Wenn wir als Babys immer bekommen haben, was wir gerade brauchten, erwuchsen in uns das Gefühl der Fülle und das Vertrauen, dass immer genug für uns da ist.
Wurden wir nach Uhrzeit gefüttert oder sonst wie in unseren Bedürfnissen beschnitten, weil die damaligen Erziehungsratgeber empfahlen, man dürfe Kinder nicht „verziehen" und ihnen zwischen festen Fütterungszeiten etwas geben oder auch zu viel mit männlichen Babys schmusen, wuchsen wir eher mit dem Gefühl des Mangels auf ...
Und das ist ein Thema, das unter Umständen nicht nur in einem Bereich des Lebens „sein Unwesen treibt".

In dem Buch „Spent" (siehe Buchtipps) von Sally Palaian, klinische Psychologin, geht es um unterschiedliche „Süchte" in Bezug auf Geld. Tatsächlich hat sie über die vielen Jahre ihrer Praxis acht Gruppen von „Geldsuchttypen" beobachtet:

- Da ist nicht nur „mehr Geld ausgeben, als man hat" und in Schulden leben gemeint, sondern ebenso
- „unfähig sein, Geld überhaupt für sich zu haben" – man gibt es ständig z.B. für andere aus, aber auch
- „gar nichts ausgeben wollen".

- Dazu zählen auch die Menschen, die niemals Geld haben, weil sie immer sofort alles ausgeben.
- Oder die Menschen, die zwar genug verdienen *könnten*, es aber aus irgendeinem Grund nicht tun.
- Und die, die ständig Dinge einkaufen gehen müssen, um sich wertvoll zu fühlen.
- Oder die, die sich unter ihrem Wert verkaufen.
- Diejenigen, die von anderen erwarten, dass sie sie aus(er-)halten.

Gedanken und Assotiationen zu diesem Thema:

....

....

....

....

....

....

....

....

....

....

Auf den Kopf gestellt

Es ist wie verhext, gerade läuft noch alles fein dahin, plötzlich wendet sich das Blatt, mein Leben hat sich auf den Kopf gestellt. Das Unterste kommt ganz oben zu liegen im Leben. Rein emotional gesehen.

Das ist blöd, denn es stört den gewohnten Ablauf in meinem Leben. Bringt Unfrieden, Schlaflosigkeit und ein „unrundes Laufen". Ich glaube, ich habe den Kopf aus dem Auge des Sturmes gesteckt und bin eine Runde mitgewirbelt.

Es stört den Trott. Die Gemütlichkeit. Das Bekannte.

Aber eigentlich hat es ja etwas Gutes, wenn sich alles „auf den Kopf gestellt" hat, denn da unten liegen Dinge, die da schon einige Zeit verweilen. Man könnte sagen, „das Blatt" modert schon vor sich hin.

Neues keimt im Frühling

Es ist der Frühling, wenn ich im Garten die alten Blätter entferne, die über den Winter dem Boden Schutz vor Kälte, aber auch den Schnecken Nahrung gegeben haben.

Diese alten Blätter haben also zwei Seiten. Eine gute und eine weniger gute. Da ist sie wieder, diese Dualität.

Wenn ich jetzt also in meinem Garten die Blätter entferne, sie wende und ganz unten Licht und Luft hinbringe, macht das einerseits Arbeit, andererseits Freude. Ich sehe unter dem Blättermatsch das frische Grün des Frühlings leuchten.

Da ist etwas Neues, was da hervorlugt!

Also ist es gut, wenn sich das Leben ein bisschen auf den Kopf gestellt hat, das Unterste zuoberst zu liegen kommt. Denn das bringt Licht ins Dunkel, es bringt Sauerstoff in die untersten Schichten. Es zeigt uns Dinge, die wir schon vergessen und verdrängt haben. Die wir „da ganz unten" hingeschoben haben.

- Weil wir keine Zeit hatten.
- Weil wir anderes zu tun hatten.

- Weil wir es später machen wollten.

Und dann war es zu spät. Die Dinge sind da ganz unten hin gerutscht. In die „Moderecke". Doch jetzt wissen wir:

Die „Moderecke" ist nicht nur schlecht, sie hat auch etwas Gutes.

Was kannst du machen, wenn sich dein Leben auf den Kopf gestellt hat?

Hast du also gerade das Gefühl, dass du deinen Kopf in den Sturm gehalten hast? Spürst ihn immer noch in deinem Leben?

Nun, du kannst die Kraft des Sturmes nutzen, um in deinem Leben aufzuräumen.

Wenn du das im Herbst nicht gemacht hast, ist es jetzt Zeit! Es gibt Menschen, die räumen das Laub schon im Herbst weg. Dazu gehöre ich nicht, ich mag im Herbst meinem Garten nicht seinen Schutz nehmen. Ich gehe das Risiko ein, dass Schnecken überleben können unter den alten Blättern.

Ich warte lieber auf die Frühlingssonne und gehe es an. Jetzt wende ich das Blatt und entferne etwaige Reste und entdecke darunter den Keim des Neuen!

Welcher Typ bist du?

Eher die Herbst-Wegräumerin oder die Frühlings-Wegräumerin?

Sturm gibt es im Herbst und im Frühling. Du kannst in jedem Fall wählen. Wenn du wieder einmal im Sturm stehst, ist es Zeit, etwas zu ändern. Nutze die Kraft des Sturmes, um diese Änderung zu vollziehen.

Warum es das „auf den Kopf gestellt" braucht

Hier ein ziemlich plakatives Beispiel:

- Stell dir vor, du hast ein altes, kaputtes Ding zu Hause. Du weißt, es ist unnütz geworden, doch irgendwie kannst du dich nicht aufraffen, es zu entsorgen.
- Sagen wir, es ist ein Regenschirm. Die Speichen sind verbogen und teilweise abgerissen, der Stoff durchlöchert. Er lässt sich auch gar nicht mehr ordentlich schließen.
- Der kaputte Schirm kommt dir in den letzten Wochen immer wieder vor die Füße und stört dich schrecklich. Aber du bringst einfach nicht die Kraft auf, ihn zu entsorgen. Sogar als er sich eines Tages unmotiviert von selber aufspannt und dich am Kinn verletzt, bringst du es nicht fertig, ihn endlich in die Tonne zu werfen.
- Es braucht einen Auslöser, damit du in die Gänge kommst.
- Da kommt der Sturm.
- Und du rangelst mit ihm um den Schirm.
- Je fester du den Schirm hältst, desto heftiger bläst der Sturm. Deine Hände schmerzen fürchterlich vom Festhalten. Doch du denkst an die vielen wundervollen Regentage, an denen dich der Schirm trockengehalten hat. Doch gleichzeitig fühlst du, wie deine Hände immer mehr wehtun.
- Irgendwie fehlt dir noch die Klarheit: Was braucht weniger Kraft?
- Den Schirm loszulassen oder ihn krampfhaft festzuhalten? (Kaputt ist er sowieso schon.)

Also, was ist leichter?

Halten oder loslassen?

So weit muss es nicht kommen

Wenn wir uns das Beispiel mit dem Schirm vor Augen halten, ist es sonnenklar. Kaum einer von uns hat kaputte Schirme zu Hause.

Doch wenn es um andere Dinge im Leben geht, Partner, Arbeitsstellen, Freunde ... verschwimmen die Konturen. Hier sehen wir nicht mehr so klar.

Da klammern wir uns an das, was schon lange nicht mehr in unser Leben passt. Wir erkennen sogar, dass uns das Festhalten mehr Kraft kostet als loszulassen und doch hängen wir weiter daran.

Vielleicht, weil wir insgeheim auf einen Sturm warten? Weil dann können wir sagen: Das Leben hat sich auf den Kopf gestellt.

Wie du dir selber einen Sturm bastelst

Meist ist es im Leben wie bei einem Wollknäuel, das sich verheddert hat. Es gibt mehrere Anfänge. Diese vielen Möglichkeiten überfordern uns. Wir finden irgendwie den einen Anfang nicht.

Den, von dem wir glauben, dass er der Anfang wäre. Also lassen wir es gleich bleiben und entwirren das Wollknäuel überhaupt nicht.

In Wirklichkeit kannst du aber bei jedem Anfang beginnen, das Knäuel aufzurollen. Oder, um wieder auf die Blätter zurückzukommen – du kannst in deinem Garten an jeder Ecke beginnen, die alten Blätter zusammenzurechen.

Übung:

- Suche dir unter allen deinen Unzufriedenheiten im Leben die eine, die dich am meisten stört.
- Und drehe das Unterste zuoberst.
- Natürlich nicht „in echt". Mach es auf einem Blatt Papier. Nimm dir eine Stunde Zeit. Achte darauf, dass du auch wirklich deine Ruhe hast. Mach dir Tee oder Kaffee, nimm dir Obst oder Kekse – mach es dir richtig gemütlich.
- Nimm dein Schreibheft, ein Blatt Papier und einen schönen Stift.
- Nun schreibst du oben auf das Blatt deine allergrößte Unzufriedenheit. Darunter teilst du die Seite mit einem Längsstrich in zwei Hälften. Eine Hälfte ist die Plus-Seite, die andere die Minus-Seite.
- Und notiere dir, was dir einfällt. Was du an deiner größten Unzufriedenheit liebst und was du nicht magst.
- Und weil es gerecht zugehen soll im Leben, **schreibst du immer für jedes Minus auch ein Plus hin**. Es kann nicht sein, dass du nur Minus stehen hast, wichtig ist, dass du auch Plus schreibst.
- Das mag dir jetzt vielleicht kontrovers vorkommen, doch diese Übung bringt dich nach einiger Zeit in einen Flow und du offenbarst dir selber das eine Plus, warum du tatsächlich den Schirm noch festhältst, obwohl er augenscheinlich mehr Minus hat.
- Dieser eine Punkt muss nicht direkt mit deiner Unzufriedenheit zu tun haben, ist aber *dein* Grund, warum du festhältst und den hohen Preis des Festhaltens bezahlst. Das kann ein Grund sein, der nicht sehr ehrenwert ist. Oder schön. Oder heldenhaft.

Aber er ist ein tiefes Bedürfnis eines Teils von dir.

Meist ist es ein Bedürfnis, das irgendeinem Muster aus deiner Kindheit entstammt.

Und da du jetzt erwachsen bist, kannst du diesen Grund, dieses tiefe Bedürfnis, das du hast, ganz sicher auch auf eine andere Weise in dein Leben holen und es damit stillen.

Wenn du das Bedürfnis kennst, z.B., dass es um Sicherheit geht, kannst du dir diese Sicherheit anderweitig organisieren und brauchst den alten Regenschirm nicht mehr.

Ausmalbild, Quelle Eva Laspas

Das erste Mal

Wenn du erwartest, dass du hier einen Bericht über das erste Mal findest, enttäusche ich dich gleich zu Beginn.

Wir sprechen über das erste Mal schlechthin. Die Betonung macht den Unterschied. ;-)

Nachdem es in diesem Abschnitt des Buches um Veränderung geht, macht es Sinn, dass wir uns „das erste Mal" anschauen. Denn ganz wesentlich für Veränderung ist ja auch, wie du mit etwas Neuem beginnst.

Welcher „Das erste Mal"-Typ bist du?

Wenn du etwas Neues vor dir hast, das du noch nie gemacht hast:
- Springst du voller Elan ins „kalte Wasser" und schwimmst los – dann brauchst du nicht mehr weiterlesen. ,-)
- Zögerst du es taktisch hinaus, zu beginnen, bis es fast schon zu spät ist?
- Beginnst du zwar, hörst aber nach kurzer Zeit wieder auf, weil du keinen Sinn darin siehst?
- Bereitest du dir den Start so gut vor, dass du faktisch niemals beginnst?
- Vermeidest du generell, etwas Neues zu beginnen, und sagst das auch: „So bin ich halt."?
- …

Worauf will ich hinaus?
Es geht darum, dass dein Umgang mit dem „ersten Mal" dein ganzes Leben prägt. Es ist sozusagen der Schlüssel zu deinem Umgang mit Veränderungen. Dein Schlüssel zum Thema „Loslassen". Wenn wir uns mit jedem ersten Mal schwer tun, lassen wir Altes naturgemäß schwer los.

Wer möchte schon das erste Mal in der Luft hängen?

Irgendwann war ein erstes Mal so traumatisch für dich, dass du zum Beispiel nie wieder Veränderung wünschst. Nie wieder so einfahren willst. Nie wieder den Schmerz fühlen möchtest.

Dein innerer Widerstand (oder innerer Wächter) beginnt nun seine Vermeidungsstrategie. Er möchte dich in Sicherheit wissen und am Leben. Also darf es nicht sein, dass du jemals wieder in solche Gefahr kommst wie bei diesem einen Schüsselerlebnis (das da meist irgendwo in der Kindheit zu finden ist).

> *Doch leider stellt sich dieser Widerstand gegen das erste Mal gegen das Leben selbst.*

Das Leben IST Veränderung. Jeder Tag ist voller Veränderungen. Du bist heute eine andere Frau als du gestern warst. Viele Zellen in deinem Körper haben sich geändert, nichts ist mehr so wie es gestern war.

> *Stillstand und Gleichförmigkeit ist reine Illusion.*

Natürlich ist das erste Mal nicht bei jedem Thema gleich. Bei manchen Dingen haben wir keine Hemmungen. Die neue Marmelade aufzumachen ist kein Problem. Die neue Hose zu tragen auch nicht. Aber die neue Therapie zu beginnen oder das neue Computerprogramm zu installieren, da beginnen schon die ersten Vermeidungsstrategien. (Ich kenne meine, hast du deine auch schon entlarvt?)

Oder eine neue Arbeitsstelle zu finden, da du bei deiner alten schon alle Möglichkeiten ausgeschöpft hast, sie und dich zu verändern, und du erkannt hast: hier hilft nichts mehr.

Vermeidungsstrategien können sein:

- Du bist noch nicht so weit
- Hast noch nicht genug Info
- Bist heute zu müde
- Brauchst noch mehr Erfahrung (Zeit)
- Brauchst das richtige Outfit
- Kannst dich nicht entscheiden (weil du halt so bist)
- Musst noch rasch etwas erledigen
- Fensterputzen
- Den Mist hinaustragen
- Das 11. Buch darüber lesen
- Du bist leider gerade jetzt krank geworden

- Du weißt eh, dass du faul bist und zu nichts nütze, also versuchst du es gleich gar nicht
- ...

(Klar, bei jedem von uns gibt es Situationen, in denen wir zögern. Ich mache es nicht anders. Beim neuen Computerprogramm hatte ich letzten Sommer noch sämtliche Vermeidungsstrategien. Ich habe sie gemeistert, denn du liest dieses Buch. Aber mir ist das mittlerweile bewusst. Ich schaue mir dabei zu. Ich lache über mich. Und mache einfach immer weiter.)

Woran liegt das?

Wenn ich alle meine ersten Male anschaue, denke ich, dass es am Risiko liegt. Wenn das Risiko hoch ist, zögert man länger. Oder?
Doch genau hier können wir schon beginnen zu graben.
- Wer bestimmt denn das Risiko?
- Und woran messen wir, ob es groß oder klein ist?
- Und überhaupt – was ist schon Risiko?

Im Grunde kalkulieren wir selber das Risiko, das mit dem Neuen verbunden ist, und zwar aus unserer Lebenserfahrung heraus.

„Schon wieder so eine Situation, wo sich die Katze in den Schwanz beißt!", denkst du jetzt vielleicht. Ja, du hast Recht. Jeder bestimmt das Risiko, das hinter etwas Neuem liegt, auf Basis seiner Lebenserfahrung.

Puh, und wie kommen wir da heraus?
Wir greifen in den Zauberhut und zaubern ein Werkzeug heraus, das „Lebenserfahrung" heißt.
Paradox?
Nicht unbedingt und ich werde es gleich erklären. Probiere es aus, vielleicht hilft es ja dir auch.

Verkleidung für den Fasching

Stell dir vor, du gehst auf eine Kostümparty. Du hast ein einziges Kostüm und das ziehst du an. Immer wieder. Da du kein anderes hast, passt es immer wunderbar. Dass du manchmal völlig deplatziert wirkst, nimmst du in Kauf. Die schlechten Gefühle schluckst du hinunter. Das bist du schon gewöhnt.

Hast du zwei oder drei Kostüme, wird es schwierig – du fragst dich jedes Mal, welches du zu dieser Party anziehen solltest.

Welches passt diesmal?

Und du wählst eines aus und hoffst, dass es passt. Auch hier gibt es ein Risiko, danebenzuliegen. Doch das Risiko ist geringer.

So ist das mit unseren Lebenserfahrungen.

- Wir haben so viele, dass wir uns bei der Auswahl mitunter selber im Wege stehen.
- Wir wissen nicht, welche genau hier, bei dieser Situation anzuwenden ist.
- Bis wir das wissen, treten wir auf der Stelle.

Unser innerer Wächter erhält bei seiner standardmäßigen Abfrage, wie man diese oder jene Situation einschätzen kann, zu viele Möglichkeiten. Ähnlich wie Google, wenn du ein Stichwort eingibst. Dort bekommst du auch x Vorschläge und es liegt an dir, die auszuwählen, die zu dir passt.

Die Fülle an Antworten verlangsamt das System. Man könnte sagen, das System blockiert sich selber.

Und das wird mit zunehmendem Alter immer schlimmer.

Klar, weil wir so viel Erfahrung haben – und die wird immer mehr. Die Angebote werden immer dichter.

Wir bewundern die „Jugend", weil sie scheinbar mühelos Neues beginnt und keine Skrupel zu kennen scheint. Logisch, weil die haben weniger Kostüme.

Wenn uns das aber bewusst ist, können wir einen Filter einsetzen.

Das machen wir bei Google auch nicht anders, wir schränken unsere Suche ein, z.B. auf den Ort.

Also machen wir das hier auch:

- Wir denken bewusst an alle diese Situationen, all diese ersten Male, bei denen wir **gut** abgeschnitten haben.
- Denke nur an alle diese vielen Male in deinem Leben, wo du dein erstes Mal brillant absolviert hast.

Und an genau die denkst du jetzt.

Jetzt beginnst du dich gut zu fühlen. Wenn du dich so richtig gut fühlst, denkst du an das erste Mal, das gerade vor dir liegt und lädst es mit dem positiven Gefühl der vergangenen ersten Male auf.

Alle anderen blendest du aus. Du weißt heute sowieso nicht, was dich hinter diesem ganz besonderen ersten Mal erwartet, das du gerade jetzt wie eine Katze die Milchschale umkreist. Eben weil es das erste Mal ist.

Du hast die Wahl:

- Stell dir alle möglichen grauenhaften Komplikationen vor und starte nie.
- Stell dir all die wunderbaren ersten Male vor, bei denen du brillant abgeschnitten hast, und hole dir die Kraft und Motivation aus deiner Lebenserfahrung.

Das sind die zwei Seiten von Lebenserfahrung – du kannst sie dazu benutzen zu verfallen oder zu glänzen.
Ich wähle ersteres, und du?

Übung:

Diese Übung ist im Grunde ähnlich wie die Mut-Übung.
- Trainiere deinen Mutmuskel. (**Siehe Kapitel „99 Mutproben"**)
- Und trainiere dein Erinnerungsvermögen, auf die positiven Dinge im Leben zu achten.
- Schreibe dir heute fünf „erste Male" in dein Arbeitsbuch, die du hervorragend gemeistert hast.
- Überlege, wie du diese Dinge bildlich darstellen kannst – vielleicht mit einer Kollage?
- Danach mache dir aus diesen fünf Dingen ein großes Poster,

- schreibe darauf „**5 Dinge, die ich toll gemeistert habe**" und hänge es so auf, dass du es jeden Tag mehrmals siehst. Am besten auf die Klotüre innen. ;-)

Wenn dich das Thema interessiert, wie du deine Gedanken trainierst, lies dazu mehr im Kapitel „**Gedankenhygiene**"

Diese "ersten Male" habe ich schon gemeistert:

....

....

....

....

....

....

....

....

....

....

....

Das Leben ertragen?

Lebst du schon oder bist du noch am „Leben ertragen"?

Ich gebe zu, das ist ein sehr provokanter Titel. Dennoch gibt es Zeiten im Leben, wo wir derart auf Autopilot geschalten haben, dass wir nur mehr auf das *reagieren*, was uns das Leben bietet. Wir haben auf den Modus umgeschaltet, der da heißt: das Leben ertragen.

Ein Ausweg vom „Leben ertragen" muss her

Wenn du dich in diesem Hamsterrad befindest, dass du auf neue Probleme nur mehr reagierst, indem du sie auf den schon vorhandenen „Stapel" legst und wartest, dass sie sich hoffentlich irgendwie von selber auflösen mögen, ist es Zeit. Zeit, die Dinge selber in die Hand zu nehmen. Komm weg vom Modus „Leben ertragen"! Auch wenn es dir wie ein ständiges Wiederkäuen vorkommt – die Botschaft bleibt dennoch gleich:

Das Leben ist Veränderung.

Wenn du dich längere Zeit gegen alle Veränderungen stellst, brechen sie unter Umständen alle gleichzeitig über dich herein. Und das kann wie ein Tsunami sein.

Es gibt die andere Variante:

Ändere dein Leben, wenn die Veränderung in Sicht

kommt. Spürbar wird.

„Lebe aktiv" ist die Lösung

Komm in die Gänge, solange es noch leicht geht. Am Anfang. Wenn die Sache noch klein, fein und ein handliches Päckchen ist. Handle genau zu diesem Zeitpunkt.
- Sage klar, was dir nicht passt.
- Sage „nein", wenn du „nein" meinst.

- Oder „ja", wenn du „ja" meinst.

Und stehe mit ganzem Herzen hinter deiner Entscheidung. Das ist die ganze Kunst.

Egal wie du dich entschieden hast, stehe mit ganzem Herzen hinter deiner Entscheidung. Und tue, was getan werden muss, damit du stolz auf deine Wahl sein kannst. Blicke nicht mehr zurück, überlege niemals: „Was wäre, wenn ich mich anders entschieden hätte?"

Stehe mit ganzem Herzen hinter deiner Entscheidung.

Selbst wenn sich die Sache innerhalb kürzester Zeit so entwickelt, dass du dich neu entscheiden möchtest, oder sie nach einiger Zeit nicht ganz so ausgeht, wie du gedacht hast:

- Du hast dich aktiv entschieden und die Veränderung von dir aus in Angriff genommen.
- Du hast selber etwas erreicht – hast gelebt und bist nicht gelebt worden. Hast das Leben in die Hand genommen.
- Erkenntnisse und Erfahrung daraus bezogen.
- Das ist es, was dich stolz macht.

Ob du jetzt 95 oder 60 Punkte von 100 gewonnen hast oder gar nur 20, ist nicht wichtig.

Viel wichtiger ist, dass du selber die Veränderung begonnen hast.

Und mit ganzem Herzen bei deiner Entscheidung geblieben bist.

Das ist etwas, was du beim nächsten Mal als Referenz heranziehen kannst.

Wenn du nach einiger Zeit siehst, dass deine Entscheidung doch nicht das Gelbe vom Ei war, triff eine neue Entscheidung. Die Sprichworte „So wie man sich bettet, so liegt man" oder „Die Suppe, die man sich eingebrockt hat ..." sind sowas von überholt und unwahr, vergiss sie sofort. Lösche sie!

Das Bett kannst du neu beziehen, die Brösel rauskehren und die Suppe kannst du wegschütten und eine neue kochen – so what?

Also, „das Leben ertragen" ist out – „lebe es" ist in.

Schraube die neue Glühbirne gleich in die Lampe und warte nicht, bis du dir auf der Kellertreppe das Bein gebrochen hast, weil du im Dunkeln über die Katze gestolpert bist.

Nähe den Knopf von der Jacke gleich an und warte nicht, bis du sie an einem Montag in der Früh dringend brauchst, wenn du sowieso gerade verschlafen hast, du zu diesem wichtigen Termin zu spät kommst, weil du den Knopf erst annähst, und deswegen deine Arbeit verlierst.

Warte nicht, bis eine Sache dick und fett ist und sich an dein Bein hängt und dich vielleicht gar zum Straucheln bringt.

Das ist wie mit einer Lawine. Mit einem winzigen Schneeklumpen fängt es an.

Da fällt mir gerade ein Abstecher ein

– letzte Woche hatten wir in unserer Nähschule ein Gespräch über das Thema, warum Männer es nicht verstünden, wenn Frauen Schluss machen. Der Grund liegt klar auf der Hand: Wir fühlen sehr früh, wenn etwas nicht stimmt. Und geben Vorwarnung.

Sozusagen zeigen wir auf das Schneeklümpchen.

(Wer schmeißt schon 20 Jahre Beziehung einfach so weg, da ist es doch logisch, dass man da eine Vorwarnung gibt.) Also: *„Hallo, lieber Mann, unsere Beziehung stimmt hinten und vorne nicht mehr, ich fühle ..."*

Nachdem wir uns nicht umdrehen und ihn sofort verlassen, glaubt Mann, wir würden es nicht ernst meinen. Das ist blöd. Denn es ist uns todernst damit.

Das Schneeklümpchen wächst und rollt sachte den Berg hinunter.

Es ändert sich nichts, Warnung nach Warnung schießen wir los, bis es uns tatsächlich reicht. Wir verlassen ihn.

Die Lawine überrollt alles.

Mann fällt aus allen Wolken – wieso haben wir es diesmal durchgezogen und die anderen 1001 Mal davor nicht? Und recht hat er.

Es ist uns selber nicht ganz klar: Bei unseren Kindern geht Konsequenz so viel leichter. Da sagen wir im besten Fall: „Einmal noch schaukeln und dann geht's ab ins Bett." Keine Debatte. Aber da geht es ja auch nicht um Trennung.

Bei unseren Männern bekommen wir das nicht hin. (Meist sind wir ja auch finanziell abhängig von ihnen – was sehr schlecht ist.) Daraus erwächst das Chaos.

Falls du jetzt auf eine Lösung wartest, die haben wir noch nicht gefunden. Wenn dir dazu etwas einfällt, was allen weiterhilft, bitte schreibe mir ein E-Mail!

Abstecher Ende

Natürlich hat die Geschichte doch einen Sinn zum Thema „Leben ertragen". Je länger wir eine Sache „ertragen", desto mehr Kraft brauchen wir, wenn wir uns aufraffen, das Problem anzugehen.

Hätten wir gleich zu Beginn die Notbremse gezogen oder passend gehandelt, wäre die Sache nicht eskaliert und hätte nicht so viel unserer Kraft gebraucht. Lies hier die Geschichte mit dem „**Schirm**".

Ja, aber wann ist der Beginn?

Wann ist der Punkt, wo du nur erträgst und nicht mehr lebst?

Den Beginn lernst du mit etwas Übung zu erfühlen. Wenn du es noch nicht spürst, kannst du das lernen.
Meiner Meinung nach ist der Beginn noch viel früher, als du es dir vielleicht jetzt vorstellst.

Der Beginn davon, etwas zu ertragen, liegt wirklich ganz am Anfang.

- Er liegt dort, wo du dich verbiegst, um zu sein, was du nicht bist.
- Er liegt dort, wo du etwas anderes tust, als du eigentlich möchtest.
- Dort, wo du von dir selber abweichst, du nicht mehr du selber bist.
- Wo du zu bequem bist, etwas zu sagen, und dir denkst: Ist ja nur das eine Mal.
- Dort liegt der Anfang.GENAU dort.

Um das zu ändern, ist es wichtig, dich selber zu kennen:

- Wenn du dich vergessen hast, lerne dich neu kennen.
- Erfahre, wer du wirklich bist.
- Lerne, dich selber zu lieben.
- Mit allen deinen Stärken, aber auch mit deinen Schwächen.
- Anerkenne dich so wie du bist.
- Nutze deine Schwächen und Themen, um an dir zu arbeiten.
- Verändere dich so, wie du es selber möchtest.
- Nicht um *jemandem* zu gefallen. Sondern um *dich* wohlzufühlen!
- Geh nicht zur Tanzschule, weil dein neuer Partner ein guter Tänzer ist und du ihm so gerne gefallen möchtest. Wenn du Tanzen eigentlich nie gemocht hast und lieber schwimmen gehst.

Hier liegt der Beginn:

Vom Geben und Nehmen

Ich bin fest davon überzeugt, dass wir Menschen nicht dazu gemacht sind, dass jeder für sich alleine im stillen Kämmerchen vor sich hin arbeitet oder lebt.

Ich bin seit Oktober 2000 selbstständig und weiß aus Erfahrung, dass in der Zusammenarbeit und in Kooperationen das größere Potential liegt. Sowohl im geschäftlichen als auch im privaten Bereich.

Doch leider können noch immer viel zu wenige Menschen mit dieser Philosophie der „Gemeinschaft" oder "Kooperation" etwas anfangen. Warum? Ich denke, sie sind noch nicht erwachsen geworden.

Wie Kinder es tun – geben und nehmen

Leider nehmen immer noch viel zu viele Menschen ausschließlich. Sie kommen gar nicht auf die Idee, in irgendeiner Form etwas an die Gemeinschaft zu geben.

So machen es Kinder. Und bei Kindern ist es absolut in Ordnung, dass sie nehmen. Das ist in der Natur so vorgesehen. Babys, Kleinkinder, Jugendliche – sie nehmen und Eltern geben.

So ist das Spiel vom Geben und Nehmen. Punkt.

Doch irgendwann sollte jedes Kind nicht nur körperlich erwachsen werden. Und in dem Maß, wie sie erwachsen werden, treten sie in den Kreislauf von Geben und Nehmen ein.

Haben wir selber Kinder, sind wir an der Reihe, zu geben.

Und wenn wir als Kinder genügend bekommen haben, fällt es uns auch nicht schwer – das Geben.

Doch wenn in der Entwicklung etwas schiefgegangen ist, verweilen diese Menschen in dem Zustand der Kindheit – im Zustand des „Nehmens". Und das Kollektiv kümmert sich eben darum. Das Kollektiv sind andere Menschen, die sich dieser erwachsenen Kinder einfach annehmen und die Sache regeln.

Nur das ist diesen erwachsenen Kindern auch wieder nicht recht.

Sie möchten also nicht nur ausschließlich nehmen, sondern auch noch darüber bestimmen, wie das Kollektiv die Sache regelt. Nur klappt das meist nicht nach ihrem Willen und sie spielen den Märtyrer.

Ein krasses Beispiel

Ich bekomme ein Auto vererbt, kann aber überhaupt nicht Auto fahren. (Da ich ja nur nehme, kommt mir gar nicht in den Sinn, dass ich die Erbschaft ja auch ablehnen könnte.) Als ideale Lösung, weil du mir ja schon öfter den Rasenmäher geborgt hast, kommst mir du in den Sinn. Also lasse ich mein Auto. ohne dich zu fragen. in deinem Garten abstellen.

Du fragst mich, ob ich wahnsinnig geworden bin, und gibst mir eine Frist, bis zu der ich das Auto aus deinem Garten entfernen soll.

Die Frist verstreicht, ich komme nicht wirklich in die Gänge, ich kann ja nicht Auto fahren und müsste jemanden organisieren und überhaupt verstehe ich nicht, warum du dich so aufregst. Damit ich zumindest guten Willen zeige, renne ich (aber in selbstgerechtem Zorn auf dich) in der Gegend herum und frage wahllos Passanten, ob sie das Auto kaufen möchten. Niemand will das Auto.

Du bist extrem höflich und setzt eine Nachfrist. Die lasse ich auch verstreichen. Als Entschuldigung sage ich dir, dass ich ja eh schon ver-suche, das Auto zu verkaufen, es aber niemand möchte. Und dass du dich halt nicht so aufregen sollst. Und dass du schon ein bisschen egoistisch bist und dich da nicht so reinsteigern solltest.

Schließlich lässt du das Auto abholen und auf einen öffentlichen Parkplatz stellen und schickst mir die Rechnung. (Du gehst Kickboxen oder sonst irgendwie deine Wut abreagieren.)

Jetzt habe ich die Chance, dass ich mich vor allen Menschen, die es hören oder nicht hören möchten, als die Arme darstelle, der das Auto „einfach so" umgeparkt wurde. (Dazu erfinde ich noch ein paar Details, die ich nach einigen Wiederholungen für wahr halte).

Zusätzlich habe ich die Arbeit mit dem Auto auch nicht mehr (oder zumindest hoffe ich das, denn Nummernschilder hat die Karre ja nicht). Und der Steuerzahler – das Kollektiv – zahlt. Die Rechnung bezahle ich dir nicht und da sie nur unter hohen Kosten einklagbar ist, ersparst du dir den Schritt vors Gericht.

Das kennst du?

Vielleicht kennst du solche Menschen?
Menschen, die keine Wohnung finden und ewig bei anderen wohnen bleiben. Das sind die, die nie Kaffee für Arbeitskollegen kochen, nie Krapfen mitbringen und sich dann wundern, wenn sie keine Freunde haben.

Menschen, die ewig die Arbeitslosenunterstützung in Anspruch nehmen, ewig Mietbeihilfe bekommen ... ein Coaching beginnen und vom Coach erwarten, dass er ihr Leben lebt ... und nachher erzählen, das Coaching hätte nichts gebracht.

Die Formen, die es annehmen kann, wenn Menschen nicht erwachsen werden, sind bunt wie das Leben selber.

Solche großen Kinder nehmen, was genommen werden kann. Diese Kinder versuchen, das Meiste in die eigene Tasche zu stecken. Und das mit voller Überzeugung, im Recht zu sein.

Nach dem Motto: „Ich könnte ja verhungern." Und: „Alle machen das ja so."

Sie haben auch das Gefühl, dass Geben anstrengend ist. Denn die paar Mal, wo sie doch etwas für andere tun, machen sie es unter großem Gestöhne und die Qualität der Arbeit lässt dann auch zu wünschen übrig.

Sich in den Fluss des Lebens stellen

Diese Menschen haben noch nicht bemerkt, dass es einen Punkt gibt, wo der Fluss des Lebens beginnt, uns zu tragen. Sie kommen einfach nicht bis zu dem Punkt, wo sie nicht mehr selber schwimmen müssen. Wo sie getragen werden. Wo es mühelos wird – das Geben und Nehmen.

Vielleicht, weil sie sich niemals so weit hinaus schwimmen trauen. Sie sind in einem bestimmten Alter ihrer Kindheit hängengeblieben. An einem Punkt, wo sie ein Trauma erlebten. Erwachsene suchen sich Unterstützung, wenn sie an einen Punkt kommen, wo sie alleine nicht mehr weiterkommen. Kinder verharren in einer Starre und weinen, bis jemand zu Hilfe eilt. Oder auch nicht.

Wer im Zustand der Fülle – und des Erwachsenseins – angekommen ist, hat erkannt:
Wenn du aus Fülle heraus gibst, wird es mühelos. Wenn du im Bewusstsein bist, dass du alles hast und immer genau das bekommst, was du brauchst. Nur in diesem Zustand kannst du geben. Und es wird dir auch nicht schwerfallen, zuzuschauen, was der andere mit deinem Geschenk tut.

Und daran kannst du festmachen, wie weit du bist:
Wenn du zuschauen kannst, wie dein Geschenk benutzt wird – egal, ob sinngemäß oder mit Füßen getreten –, wenn du ruhig bleibst und zuschauen kannst, ohne zu werten, bist du erwachsen. Du lebst in Fülle und es ist dir egal, was andere mit der Fülle machen, die du ihnen gibst.

Aber um in diesen Erfahrungszustand zu gelangen, **musst du dich zumindest einmal getraut haben, weit in den Fluss des Lebens hinein zu schwimmen.** Du musst einmal gespürt haben, dass er dich trägt. Die Erinnerung an dieses eine Mal gibt dir die Kraft für das nächste Mal.

Das Lebensgesetz

Erst wenn ich in der Fülle bin – und erfahren habe, dass sowieso immer etwas nachkommt, sobald ich es brauche, oder noch ein Stück weiter, dass nämlich noch viel mehr vorhanden ist, als ich selber je verwenden kann, erst dann kann ich andere Menschen wirklich unterstützen.

Ich kann großzügig geben. Dabei erwarte ich nicht, dass der andere mich „zurück" unterstützt. Ich gebe nicht aus Kalkül, um etwas zurückzubekommen. Das wäre kein Geben und Nehmen. Das ist Tauschen.

Unterstützung funktioniert also nur aus der Fülle heraus. Hast du, kannst du geben.

Fülle entsteht aus Leere.

Wo Leere ist, kann Neues kommen.

In ein volles Glas kann kein Wasser nachfließen. Du musst zuerst etwas aus dem Glas ausschütten, damit du neues Wasser einfüllen kannst. Wasser oder die Fülle des Lebens fließt immer dorthin, wo Leere ist.

Das automatische Geben und Nehmen.

Der Spiegel

Es wäre kein vollwertiger Artikel, wenn nicht auch die andere Seite beleuchtet würde. Denn wo es einen Menschen gibt, der als Erwachsener immer noch Kind ist, gibt es auch einen Menschen, der durch Ereignisse in seiner Kindheit gelernt hat, dass er immer alles alleine stemmen muss, damit sich etwas bewegt. Das Gleichgewicht von Geben und Nehmen.

Und hier kommen wieder zwei Menschen zusammen, die sich so wunderbar ergänzen. Jeder kann etwas aus dieser Situation lernen. Der eine, erwachsen zu werden, der andere, Unterstützung zu organisieren oder das Beste aus dem Auto in seinem Garten zu machen. Vielleicht Blumen darin pflanzen.

Da stehe ich jetzt gerade und überlege, was ich mit dem Krempel machen soll.

Diesmal möchte ich einen anderen Weg gehen, aber ich bin noch nicht ganz klar, wie der genau ausschauen wird. Denn im Grunde meines Herzens mag ich weder das Auto in meinem Garten stehen haben noch den Abtransport organisieren.

Aber eines weiß ich jetzt schon, in Zukunft werde ich diese erwachsenen Kinder erkennen und sie auf liebevollem, höflichem Abstand halten.

Und du? Plane deine Strategie!

Das werde ich zukünftig tun:

....

....

....

....

....

....

Teil 2 – Gefühle & Emotionen

Sei schneller als deine Angst

Bist du mutig? Nein? Nur Mut, das kannst du ändern!

Von anderen lernen

Heute bin ich ziemlich mutig. Das war nicht immer so. Das fing damit an, dass ich als Kind bis zum Alter von siebzehn eine sehr hohe Scheu vor dem Telefonieren hatte. Wenn du mich kennst, weißt du, dass ich mein Geld mit Telefonieren (ich habe lange Zeit eine Messe veranstaltet) und mit dem Sprechen mit anderen Menschen verdiene. Dass diese Scheu oder gar Angst in meinem Leben nicht mehr wirksam ist, habe ich meiner Lehrherrin zu verdanken – sie hat mich einfach gezwungen, anzurufen – und aus.

Das war eine Erfahrung, die ich an dich weitergeben möchte:

Wenn es wirklich notwendig ist, tritt dich selber in den

Hintern und fang an, einfach ohne nachzudenken.

Sei schneller als deine Angst.

Das funktioniert.

Bis die Angst bei dir ankommt, hast du bereits einen Großteil des Weges hinter dir. Du kannst zur Angst sagen: „Schau, jetzt habe ich bereits das und das und das getan und nichts ist mir passiert. Lass mich noch weitermachen, du wirst sehen, nichts passiert." Und tatsächlich, so kannst du genau das schaffen, wovor du die größte Angst hast.

Das ist Mut, ein kleiner Augenblick im großen Ganzen

der Veränderung, der die Dinge in Bewegung bringt.

Ich spreche nicht von Übermut, es gibt Situationen, da ist Angst angebracht. Nachts im dunklen Wald zum Beispiel. Dinge, die uns das Leben kosten können. Diese Dinge sind hier nicht gemeint.

Hier sprechen wir von Dingen, die wir leicht hätten machen können – wenn, ja wenn wir ein bisschen mehr Mut gehabt hätten!

Der amerikanische Schriftsteller Napoleon Hills sagte dazu: „Mut ist mehr als Tapferkeit. Der größte Dummkopf kann tapfer sein, weil ihm das Bewusstsein fehlt, seine Gefahr einzuschätzen. Mut hingegen ist diese Bestimmtheit des Geistes, dieses moralische Rückgrat, bei dem man mit dem Unterfangen fortfährt ... Mut ist geistig und moralisch. Ihnen kann kalt sein, Ihre Hände können zittern, Ihre Beine können beben, Ihre Knie können beinahe nachgeben – das ist Angst. Wenn Sie jedoch dennoch weitermachen, trotz dieser körperlichen Schwäche, haben Sie Mut."

Dein größtes Talent liegt hinter der Angst

Das empfinde ich auch bei Mut. Ich weiß, da liegt etwas vor mir, das geändert werden muss. Erst brauche ich eine Weile, um genügend „Mut" zu sammeln, und an einem gewissen Punkt springe ich ins kalte Wasser. Dann schwimme ich, dazu brauche ich keinen Mut in dem Sinne mehr, vielleicht etwas Lebenserfahrung.

Ich habe durch die Ausbildung zur TCM-Ernährungsberaterin die Philosophie der 5 Elemente zu meinem Lebensimpulsgeber gemacht. Dabei geht es – zwei „Telefonbücher" Inhalt in einem Satz ausgedrückt – um Beobachtungen im Ablauf der Jahreszeiten bzw. um Beobachtungen im Ablauf der Natur.

Unter dem Aspekt der TCM ausgedrückt, ist „Mut" der Frühling, das heftige, rasche Sprießen der Blätter und neuen Triebe. Mut ist der Impuls, der eine Veränderung einleitet. Im menschlichen Organsystem wird das der Gallenblase zugeordnet. Und wie jedes Organ kann es gestärkt werden. Und wie jedes Gefühl können wir es kultivieren – uns darin üben.

Eine Wahrheit liegt schon darin, dass das, was wir am meisten scheuen, unser größtes Talent beinhaltet. Es hat sich zumindest im Laufe meines Lebens immer wieder bewahrheitet:

Das, wovor du dich am meisten fürchtest und das du am längsten vor dir herschiebst, ist das, was dir besonders am Herzen liegt und das dich lange Zeit begleiten wird in deinem Leben.

Paradox?

Nun, nicht unbedingt, wenn du noch ein paar Informationen bekommst.

Du fragst dich also jetzt vielleicht: *„Warum sollte ich etwas tun, wovor ich Angst habe?"* Du denkst dir vielleicht auch: *„Wenn ich so eine Angst habe, wird die sicher für etwas gut sein? Wozu hätte ich sonst diese Angst?"*

Ich gebe dir recht, Angstgefühle sind von der Natur vorgesehen, um uns vor Gefahrensituationen zu warnen und fernzuhalten. Doch dabei geht es um eine ziemlich urzeitliche Einrichtung in unserem Gehirn – sie wird von einem Teil des Gehirns gesteuert, der noch nicht ganz begriffen hat, dass z.B. das Telefonieren für mich keine Lebensgefahr bedeutet. Das nenne ich der Einfachheit halber die Urangst.

Aus einem anderen Teil unseres Gehirns stammt die **erlernte Angst**.

Sie kann aus einer Zeit in unserer Kindheit kommen, an die wir uns gar nicht mehr oder kaum mehr erinnern. Sie kann sogar aus der Zeit stammen, als wir noch im Bauch unserer Mutter geschwommen sind und überhaupt nicht wussten, warum wir von solchen oder solchen Gefühlen, die unsere Mutter hatte, umspült wurden.

Unsere Mütter kamen zu einer Zeit auf die Welt, zu der man mehrmals in der Nacht durch die Sirenen geweckt wurde und in die Luftschutzkeller laufen musste. Sie verspüren bei Sirenengeheul heute noch diesen Adrenalinkick, den ihr Körper damals erlernt hat: Lautes Sirengeheul = Mutter wird panisch = wir rennen um unser Leben. Somit wird abgespeichert: Sirenengeheul = Lebensgefahr. Damit wird das Sirenengeheul als lebensgefährlich gespeichert und jedes Mal, wenn irgendwo Sirenen losheulen, wird Adrenalin bereitgestellt zum Rennen.

Egal wie viele Jahre vergangen sind.

Und wir spürten als Kinder diese aufsteigende Panik und speicherten ab: „Sirenengeheul – Panik", dabei ist der ursächliche Grund abhandengekommen.
Das geht aber auch mit anderen Situationen so. Der Vater meiner Kinder ging mit den Kindern spazieren – er erschreckte sich vor einem Hund oder versuchte panisch den Hund wegzuscheuchen (der überhaupt nichts Gefährliches tat), das hat sich im Gehirn unserer drei Kinder abgespeichert: Alle Hunde bedeuten „Gefahr" (weil sich der große, starke Papa so fürchtet, muss es ja echt eine Bedrohung geben). Sie reagierten lange mit Angst, sobald ein Hund auftauchte.

Übrigens: Es nützt gar nichts, wenn wir als Eltern versuchen, unseren Schrecken vor dem Kind zu verbergen – das Kind bekommt unsere Gefühle sowieso mit. Ich habe es gelöst, indem ich versuchte, die Erfahrung mit dem Papa zu erklären.

Ich sprach darüber: „Der Papa hat sich aber jetzt vor dem Hund erschreckt, weil, als er klein war ..." – damit stimmte das, was sie hörten, mit dem, was sie fühlten, überein. Das klappt aber erst im fortgeschrittenen Alter. Eben dann können wir auch diese Ängste auflösen, die wir von unseren Eltern unbewusst übernommen haben (Sirenengeheul).

Was kannst du dir aus dieser Geschichte mitnehmen?

- **Gefühle stammen aus der Vergangenheit.** Egal wie viele Jahre vergangen sind, dein Körper reagiert immer noch so wie damals. – Überprüfe jetzt dein Leben!
- Frage dich: Ist diese Angst immer noch not-wendig – wendet also Not von dir ab – oder behindert sie dich bereits bei deinem selbstbestimmten Leben? Wenn die Angst nicht mehr not-wendig ist, lege sie ab.
- **Grüble nicht mehr über alte Geschichten nach,** die dir wehgetan haben, nur um den Schmerz immer und immer wieder neu zu be-(er)leben.
- Wenn dich deine Gedanken dennoch immer wieder dahin zurückziehen, frage dich, warum. Vielleicht sind noch Dinge abzuschließen, ist noch etwas offen geblieben? Es kann aber auch sein, dass du – aus purer Gewohnheit – weil du dein Gehirn dazu trainiert hast – immer wieder an diese Sache denkst, die dir wehgetan hat. –
- Wenn letzteres der Fall ist, **trainiere dein Gehirn um und lehre es, an etwas Schönes zu denken.** Wie? Jedes Mal, wenn wieder die Gedanken an dieses Ereignis auftauchen, schiebe sie sanft beiseite und denk absichtlich an etwas Schönes. Das Gehirn kann nämlich nur an eine Sache auf einmal denken. Wähle daher eine schöne Sache.
- Mach das so lange, bis die Gedanken an die schlechte Zeit weniger und weniger oft kommen, bis sie schließlich überhaupt nicht mehr kommen.
- Sei dabei immer sanft, aber bestimmt und hör niemals auf, solange der Prozess dauert. Gehen haben wir auch nicht mit einem Mal Üben gelernt.

Erkenne durch diese Übung: Du bist nicht Sklavin deiner Gefühle.

Wir Menschen können unsere Gefühle bewusst verändern, steuern und einsetzen, um bestimmte Reaktionen (bei uns und anderen) hervorzurufen.

Wie bekommst du Anerkennung?

Als ich die Idee zu diesem Artikel bekam, dachte ich: „Das wird ja eine leichte Übung. Denn **eigentlich** spende ich mir selber ja genug Anerkennung. Ich lobe mich, **wenn ich echt viel geleistet habe**, und ich sage auch meinem Körper öfter, **dass ich stolz auf ihn bin, oder bedanke mich bei ihm für seine gute Arbeit.**"

Doch sofort machte ich einen Punkt in meinen Gedanken und hörte mir im „Echo" zu, was ich da gerade gedacht hatte.

Drei markante Segmente fielen mir dabei auf:

a. Das Wort *„eigentlich"*
b. Die Passage *„Lob, wenn ich echt viel geleistet habe"*
c. Die Kombination von *„stolz sein" und „gute Arbeit"* kam mir auch nicht ganz sauber vor

Frage- und Antwortspiel, so gelangst du zu deinen Glaubenssätzen

Ich mag Spiele, denn mit dem einen oder anderen Spiel regen wir unser inneres Kind dazu an, mitzuspielen (es kommt meist eh nicht so oft zum Spielen, wie es vielleicht möchte) – und damit auch schneller zum Antworten, als wenn wir „schimpfen" oder analysieren.

Bei solchen Frage- und Antwortspielen erlausche ich immer genau die Antwort, die mir spontan kommt,
… denn meist trägt sie einen wichtigen Hinweis für meine Weiter-Entwicklung.

Ebenso gebe ich Acht, ob und mit welcher Vehemenz diese Antwort kommt. Kommt sie schnell und ablehnend, weiß ich schon, aha, hier gilt es ganz besonders gut hinzuschauen, hier wird gemauert (vom meinem Ego).

Manchmal wird zwar nicht gemauert, doch an der Wahl der Worte kann ich einiges erkennen.

Wesentlich ist, dass du ehrlich mit dir selber bist.

Es nützt ja alles nichts, wir kommen nur weiter, wenn wir schonungslos ehrlich mit uns sind.
Und wenn uns etwas nicht gefällt, an dem, wie oder was wir gerade gedacht haben, müssen wir da auch nicht darauf „herumreiten". Wenn wir spüren, da wird z.B. „gemauert", genügt es, wenn wir das aufmerksam zur Kenntnis nehmen und in den nächsten Tagen auf weitere Zeichen achten ...

Wenn ich Lust habe, hinterfrage ich das „Gemauere" schon, ich kenne da nix, aber ich arbeite seit vielen Jahren mit meinem Ego, es kennt mich schon und weiß, ich bin ihm im Grunde dankbar für seine Arbeit. Manchmal etwas lästig, weil ich nicht immer alles so stehen lassen will, wie *es* das gerne täte, aber im Grunde dankbar ... ;-)

a. Eigentlich?

Zurück zum Beispiel, ich frage mich also jetzt als Nächstes:

Was genau bedeutet für mich „eigentlich"?

Dazu finden wir im Duden: „Eigentlich" kennzeichnet einen meist halbherzigen, nicht überzeugenden Einwand, weist auf eine ursprüngliche, aber schon aufgegebene Absicht hin ...

Ui – na jetzt sag ich nichts mehr, denn das deckt sich ja nahtlos mit dem Rest meines Satzes –

Wo schränke ich was ein?

b. „Ich lobe mich, wenn ich echt viel geleistet habe"

Das bedeutet doch zeitgleich, dass ich mich nicht lobe, wenn ich nicht viel geleistet habe.

Doch wer in mir, bitte, bestimmt
dieses Leistungs-Pensum?

Da frage ich mich, wer dieses Maß festgelegt hat, ich selber oder jemand anderer? In diesem Fall höre ich die Stimme meiner Großmutter, die mir erklärt, fleißige Mädchen hätten immer die Hände tätig.

c. Stolz sein auf „gute" Arbeit

Der „dritte" Punkt auf meiner Liste trifft eigentlich in dieselbe Kerbe wie der zweite – ich erfuhr als Kind, dass „gute Arbeit mit Lob" belohnt wird. Wobei „gut" auch wieder ein Maß war, das von außen belegt worden war.

In beiden Punkten habe ich schon begonnen, **mein persönliches Maß zu finden, der Prozess ist gerade im Laufen, darum bin ich dankbar für die Möglichkeit dieses Artikels.**

Was ich daraus lernen kann:

- Ich darf mich jeden Tag loben, **einfach weil ich ich bin.**
- Ich **darf einfach „sein"**, um Anerkennung von mir selber zu bekommen.
- Ich muss **nichts tun,** um Anerkennung (von mir oder anderen) zu „verdienen".
- Ich **darf sein, wie ich bin,** und **darf das für mich anerkennen**.
- Ich bin so wie ich bin, so ist es gut.

Vielleicht ist das bei dir ähnlich?

Anerkennung im Außen

Irgendeine Führungsperson in meiner Karriere als führende Angestellte sagte mir mal, dass „Führungskräfte keine Anerkennung bräuchten, denn sie wüssten sich selber zu motivieren". Doch so ganz stimmt das nicht – wir alle brauchen Anerkennung. Die einen sind nur gewohnt, dass sie sie von außen bekommen, die anderen haben sich angewöhnt, sie von sich selber zu bekommen.

Im Grunde ist es wieder dieser „Spiegel":

> *„Nur was bei dir selber ist, kannst du im Spiegel sehen."*

Stell dir vor, du willst dein Spiegelbild mit einem Hut sehen – da kannst du dich lange vor den Spiegel stellen, wenn du keinen Hut aufhast, siehst du im Spiegel keinen.

Ob Anerkennung oder was auch immer – wenn du etwas im Leben (im Außen) vermisst, bist du eingeladen, es bei dir selber zu finden.

Aufgabe:

Was immer du bei dir vermisst, du findest IN DIR! Meist liegt es ja irgendwo vergraben und du darfst es finden und deinen Ressourcen hinzufügen! Aber:

Im Wörtchen „hinzufügen"

liegt die ganze Zauberei.

;-)

Notiere nun: Was vermisst du im Außen?
Zum Beispiel: Soll dir dein Mann öfter Blumen bringen? Beschenke dich selber mit Blumen im ersten Schritt, du wirst erstaunt sein, was dann passiert …

Damit wünsche ich dir eine geniale Zeit der Anerkennung!

P.S.: Weitere Fragen sind kaskadenartig auf mich eingeprasselt, ich schreibe sie dir hier auf und lade dich zum Nachdenken ein:
- Inwieweit hängen Anerkennung und Motivation zusammen?
- Und ist Anerkennung auch Lob?
- Was ist Lob eigentlich? Sozusagen eine „unehrliche" Motivation? Motivation mit Hintergedanken?
- Was ist Motivation genau? Wo ist der Unterschied zwischen Lob und Motivation? Und was ist ein Kompliment?
- Ist Lob nur das Zuckerbrot und soll mich dazu motivieren, über meine Kräfte zu gehen?
- Und: Wie hängen Burnout, Anerkennung, Motivation und Lob zusammen?

Selbstliebe – Liebe zu dir und anderen

Gestern schrieb mir meine Tochter aufgelöst ein E-Mail – ihre Lehrerin hatte ihr in völlig unangebrachter Art und Weise ein E-Mail zurückgeschrieben, in dem diese in keiner Weise auf das Selbstwertgefühl meiner Tochter geachtet hatte.

Dabei ist es das Wichtigste in der Kommunikation, das Selbstwertgefühl des Gegenübers zu bewahren. Im Gespräch kamen wir auf die unterschiedlichsten Begriffe, die alle „irgendwie" ähnlich sind, aber doch etwas anderes bedeuten.

Da möchte ich doch gleich eine 3er-Serie zu diesem umfassenden und wichtigen Thema (für unser gesamtes Leben) schreiben – und beginne heute mit der Selbstliebe.

Selbstliebe (1)
Selbstvertrauen (2)
Selbstbewusstsein (3)
= Selbstwertgefühl

„Das Selbstwertgefühl ist die zentrale Einheit unseres Seins, auf die wir letztlich alles beziehen. Alles, was wir tun, machen wir, um das Selbst-wertgefühl zu erhalten, zu verteidigen oder zu verbessern."

(Vera Birkenbihl)

Selbstliebe

Selbstliebe ist der erste Baustein, der in unserem Lebensbauwerk entsteht. Auf ihn aufgebaut sind die anderen Steine zum Selbstwertgefühl. Es geht darum, wie wir uns selber behandeln, ob wir besonders kritisch mit uns selber sind und wie sehr wir uns lieben. Je nachdem ist auch unser Umgang mit anderen Menschen mehr oder weniger liebevoll.

Die Selbstliebe entsteht aus der Bindungserfahrung mit der Mutter (bzw. der ersten Bezugsperson).

Emotional eins mit der Mutter

Der Säugling ist gerade geboren worden und teilt seine Welt in Lust und Unlust. Zwickt es im Bauch, ist das Unlust, wird er gekuschelt und geküsst, macht das Lust. In dieser frühen Lebenszeit sieht sich der Säugling eins mit seiner Mutter, das hat schon im Mutterleib begonnen. Jede Emotion der Mutter hat ihn umspült und seine Zellen geprägt. So hat er seine Welt kennen gelernt.

Anmerkung:
Ich möchte hier nicht unseren Müttern die Schuld geben an Dingen, die nun mal so und so gelaufen sind. Anklage hat noch niemals das Problem an seiner Wurzel behoben. Ich glaube fest daran, dass jede Mutter ihr Bestes gibt, dass sie es besser macht, als sie es selber erfahren hat. Es ist ein Gemisch aus dem, wie sie selber damit umgegangen ist und wie stark sie an sich gearbeitet hat.

Ebenso ist für uns ein emotional unerreichbarer Vater problematisch. Wenn die Vaterfigur in unserem Leben es nicht geschafft, hat, uns die Liebe zu vermitteln, nach der wir uns sehnten, ist es ebenso schädlich für unsere Selbstliebe, das Ich-Gefühl.

Und genau deswegen ist es auch so wichtig, dass wir aufräumen in unserem Leben, loslassen, verzeihen und uns verändern. Damit sich die Dramen nicht über Generationen „weitervererben" ohne Ende.
Anmerkung Ende

Lust und Unlust

Der Säugling sieht sich also eins mit seiner Mutter und lernt langsam, dass sie nicht *alles* so fühlt wie er. Er indes fühlt immer noch mit der Mutter mit, da er auf ihre Fürsorge angewiesen ist, um zu überleben.
Und er lernt, dass er Unlust in Lust wandeln kann. Das klebrige Gefühl rund um den Hintern verschwindet, wenn er sich äußert. Und hier kommt schon die erste Lektion seines Lebens:

Wie lange und wie stark muss ich mich äußern, bis mein Bedürfnis erfüllt wird?

Genügt es, wenn ich angewidert den Mund verziehe, und schon weicht das klebrige Kalte einem Wohlgefühl? Oder muss ich lange schreien und mich so richtig auspowern, bis ich endlich erlöst werde?

Damit lerne ich, wie sehr mich die Welt (Mutter) liebt,
und daraus leite ich ab, wie wichtig ich für die Welt bin
und wie lieb ich mich selber haben darf.

Bin ich es wert, dass meine Bedürfnisse erfüllt werden?

Natürlich prägt sich die Selbstliebe nicht in ein, zwei Mal. Liebe Mütter unter uns, wir brauchen keine Angst zu haben, wenn wir mal auf dem WC sind und nicht gleich angerannt kommen können, weil unser Kind gewickelt werden muss.

Auf die Grundsätzlichkeit kommt es an.

„Steter Tropfen höhlt den Stein" – in jeder Hinsicht.

Aber nicht nur, dass der neue Mensch auf diese Art und Weise lernt, wie lieb ihn die Welt (und er sich selber) hat – es geht leider noch viel weiter. Wenn er fühlt, dass die Mutter emotional belastet ist, lernt er, sich zurückzunehmen – lernt, seine Wünsche hinten anzustellen, um die Mutter zu schonen.

Er muss die Mutter schonen, denn sie ist für sein Überleben wichtig. Hier muss er aus zwei Übeln das bessere auswählen – die Mutter zu verlieren oder seine Unlust noch ein wenig länger zu ertragen.

Er lernt, dass die eigenen Wünsche nicht so wichtig sind. Und das kann oft im späteren Leben zu Überforderung, zum „nicht nein sagen können" und zum „es allen recht machen müssen" führen.

Je geringer die Selbstliebe, desto größer der Spagat,
mit gesundem Selbstwertgefühl durchs Leben zu
gehen.

Die Abgrenzung dazu – die übersteigerte Selbstliebe, die auch aus Angst entsteht – ist der Narzissmus, ein ich-bezogener Mensch, unfähig sich selbst und andere zu lieben.

Annahme der Lust

Im besten Fall jedoch lernt der Säugling, dass seine Bedürfnisse wahrgenommen und in angemessener Zeit befriedigt werden. Er lernt daraus, dass er wichtig ist und liebenswert.

Er entwickelt sich zu einem Menschen, der einen guten Zugang zu seinen Gefühlen hat, der weiß, was er will im Leben. Er genießt das Leben und braucht keine Ersatzbefriedigungen für den Lebensgenuss.

Was können wir für die Selbstliebe tun?

In dem Moment, wo du dir diese Frage stellst, bist du schon auf dem Weg. Du hast zumindest erkannt, dass du dich selber mehr lieben möchtest.

Ich persönlich habe sehr gute Erfahrungen mit der Arbeit mit dem „inneren Kind" gemacht. Es gibt unterschiedliche Zugänge zu diesem in uns wohnenden „Kind". (Ich persönlich arbeite mit meiner inneren Frau, meinem inneren Mann, dem inneren Kind, dem Feuervogel und dem Ego als meinen Teilen.)

Mit Hilfe einer Therapeutin, eines Coaches, einer Lebensberaterin deines Vertrauens reist du zu dem Zeitpunkt, wo dein inneres Kind gerade abgeholt werden möchte.

Es kann auch einige Zeit dauern, bis du Kontakt zu deinem inneren Kind bekommst. Es kann zu trotzig sein (wie bei mir zu Beginn) oder gar böse auf dich. Mit unterschiedlichen Techniken kommst du deinem inneren Kind näher und kannst ihm – aus deinem Erwachsenenwissen heraus – das geben, was es damals vermisst hat.

Dazu gehört: verzeihen

Wie ich oben schon geschrieben habe: Wir klagen hier nicht unsere Eltern an. Wir können nur aus der Sicht einer Erwachsenen heraus unsere damalige Situation betrachten und im besten Fall annehmen, dass es so und so passiert ist, und im noch besseren Fall verzeihen wir.

Verzeihen heilt uns selber.

Das geht selten ruckzuck, das sind Prozesse. Doch alles, was du dazu brauchst, liegt in dir.

Geschickte Lebensberater oder Psychotherapeutinnen führen dich mit Fragen zum Kern. Und durch die Antworten, die du dir selber gibst, gelingt dir die Lösung des Knotens.

Übung mit dem inneren Kind

Ich habe ganz zu Beginn meiner Arbeit mit meinem inneren Kind längere Zeit Folgendes gemacht – vielleicht magst du es ja auch einmal probieren oder du wandelst es ab, ganz wie du es brauchst:

- Es war einige Zeit, nachdem ich mein inneres Kind gemeinsam mit meiner Begleiterin kennen gelernt hatte.
- Wir hatten also schon Kontakt gehabt und ich hatte mich mit dem Versprechen verab-schiedet, ab jetzt mehr und mehr auf es zu hören und mehr zu spielen.
- Ich setzte mich bequem auf einen Stuhl oder aufs Sofa.
- Ich atmete mich ruhig – tief einatmen, tief ausatmen, tief einatmen, tief ausatmen – dreimal.
- Dabei immer ruhiger werden, immer tiefer sinken.
- In die Stille hinein fragte ich nach meinem inneren Kind, nach Eva.
- Sie kam zuerst recht zögerlich (heute – nach vielen Jahren mit ihr – kommt sie angesprungen und ist freudig bereit zu spielen, wenn ich sie rufe) und sprach nichts. Ich schätzte sie auf 3 bis 4 Jahre.
- Ich fragte sie, ob sie auf meinen Arm wollte, und das wollte sie. So hielt ich sie lange Zeit in meine Arme gekuschelt.
- Wir sprachen nicht, sondern genossen nur die Nähe. Letztendlich sprang sie auf und wollte mit mir spielen. Wir sprangen und hüpften und rannten über eine Wiese, bis sie müde wurde und es für sie o.k. war, sich zu verabschieden.

Dabei ist wichtig, dass du der Zeit Raum gibst. Wenn ich in einer Arbeit mit meinen „Teilen" bin, vergeht im Außen oft mehr Zeit als mir bewusst ist – oder auch umgekehrt.

Was du sonst für dich tun kannst

Neben der Arbeit mit meinem inneren Kind arbeite ich gerne mit Zeichen, die auf meinem Weg liegen. Wenn ich also festgestellt habe, dass ich in Sachen Selbstliebe Handlungsbedarf habe, ist mein erster Weg, mich, mein Denken und mein Tun diesbezüglich zu beobachten.

Das kann einige Wochen dauern:
- Immer wieder werden mir bestimmte Situationen auffallen, in denen ich mich vielleicht **lieblos behandle.**
- Ich bemerke vielleicht, dass ich **meine eigenen Bedürfnisse immer hinter die der anderen** Familienmitglieder stelle. (Und damit meine ich nicht, die eines Babys, denn wenn wir Mütter von Babys sind, ist es natürlich, dass wir unsere Bedürfnisse hinten anstellen.)
- Ich schaue mir meine finanzielle Situation an – **gebe ich von dem Geld, das ich verdiene auch etwas für mich selber aus?**
- Oder auch im gegenteiligen Fall – **wo gebe ich nur etwas, weil ich in ein „Gegengeschäft" investiere?** Damit ich sagen kann: Ich hab dir ja auch geholfen!
- Beobachte, **wie du mit dir selber in Gedanken sprichst.** Kritisierst du öfter an dir herum? Nörgelst du an dir? Kannst du es dir selber nicht recht machen?
- Beobachte auch, **wie du mit deinen eigenen Kindern umgehst** – auch hier kannst du fündig werden.
- Zollst du dir selber keine Anerkennung?
- ...

Hier setze ich meist an – an einer dieser „Baustellen" beginne ich zu arbeiten. Ich ziehe sie aus meinem Hut, schaue sie mir an, überlege, was mir nicht passt und ich als erstes ändern werde.

So kreiere ich mir ein Ziel. Lies dazu auch das Kapitel „**Beginne deine Lebensreise**".

Beginne mit einem Versprechen an dich selber, dass du ab jetzt aufpasst, z.B. nicht mehr an dir herumzukritisieren.

Und dann fange mit der Veränderung an.

Ich z.B. stoppe meinen Gedankenfluss und beginne den Satz neu, mit der neuen Ausrichtung. Andere sagen „stopp" oder „nein"... das kannst du machen, wie du möchtest.

Wichtig dabei ist, dass du es wie ein Spiel spielst und dich nicht dabei kritisierst, dass du schon wieder kritisierst … ;-).

Es kommt nicht darauf an, möglichst schnell „gut" über dich zu denken. Es kommt darauf an, es so lange zu machen, bis deine Gewohnheit umgewöhnt ist. Und das kann schon etwas dauern. Im Durchschnitt mehrere Monate. Vielleicht magst du dazu das Kapitel **„Deine Schatztruhe füllen"** lesen, da habe ich gegen Ende über die Veränderungen geschrieben.

Ich freue mich, wenn du ein bisschen etwas für deine Selbstliebe tun kannst – und umarme dich fest.

Das möchte ich ab jetzt für meine Selbstliebe tun

....

....

....

....

....

....

....

....

....

....

....

....

....

....

Selbstvertrauen – ich vertraue meinen Fähigkeiten

Das Selbstwertgefühl ist ja (nach Vera Birkenbihl) überhaupt die zentrale Einheit unseres Seins, auf die sich alles andere bezieht.

Selbstliebe ist ein sehr wichtiger Baustein, um ein gesundes Selbstwertgefühl zu entwickeln. Das zweite Standbein ist das Selbstvertrauen. Das dritte das Selbstbewusstsein.

Selbstvertrauen – ich vertraue meinen Fähigkeiten

Selbstvertrauen entwickeln wir im Laufe des Lebens, wenn wir uns ausprobieren können und uns immer mehr und mehr gelingt.

Wenn du Kinder hast, kennst du das sicher – so klein unsere Kids sind, sie möchten uns helfen und schleppen auch Stücke, die größer sind als sie selbst (Klopapier z.B.) – aber dabei strahlen sie über das ganze Gesicht: „Schau her, was ich kann!"

Je mehr wir uns ausprobieren können, desto mehr wächst unser Vertrauen in uns selber. Je mehr uns aus der Hand genommen wird, desto eher verzweifeln wir an unseren Lebensstationen. Wir fühlen uns dem Leben hilflos ausgeliefert und können uns keinen „Notfalls-Rucksack" anfüllen.

Andererseits aber:

Je mehr uns gelungen ist im Leben, desto praller gefüllt

ist unser „Notfalls-Rucksack".

Wir haben reichlich Erfahrung, auf die wir zurückgreifen können, wenn es einmal schwierig wird.

Man könnte fast daraus einen „Sport" machen, sich mutig neuen und schwierigen Gelegenheiten im Leben stellen, um Mut und damit das Selbstvertrauen zu stärken. (Heuer bin ich z.B. das erste Mal mit dem Auto nach Griechenland gefahren.)
Lies im Kapitel „**Die Geschichte von Mut und Übermut**" mehr darüber.

Alleine in der Großstadt

Ich war 11 Jahre, als meine Eltern mich zu einer Sprachreise nach Irland schickten. Besonders meine Mutter hatte seit meiner frühesten Kindheit immer darauf geachtet, dass ich „selbstständig" wurde. Ich hatte mich also sehr oft im Leben selber ausprobieren dürfen und kannte die Angst des „ersten Mals", aber auch das Gefühl, „es geschafft zu haben".

Nach nur einem Jahr Englisch in der AHS konnte ich kaum sprechen (wer lernt schon sprechen in der Schule?), dennoch ging ich täglich dort in die Sprach-Schule. Die meisten anderen teilnehmenden Jugendlichen waren weit älter, und ich lief sozusagen als „Anhängsel" mit.

Einmal machten wir einen Ausflug nach Dublin. Nach einer Stadtrundfahrt hatten wir 4 Stunden Zeit, alleine die Stadt unsicher zu machen. Man sagte uns, dass wir um eine bestimmte Uhrzeit wieder am Bahnhof sein sollten – dies prägte ich mir ein, den Namen des Bahnhofes schon nicht mehr. Der Name war zu schnell gesprochen worden, ich verstand ihn auch nach mehrmaligem Nachfragen nicht. Ich wollte aber sowieso mit einer Gruppe älterer Mädchen mitgehen und daher achtete ich nicht auf dieses wesentliche Detail.

Und plötzlich waren alle weg

Die Mädels wollten unbedingt in ein Kaufhaus – es hatte mehrere Ein- und Ausgänge, wir gingen bei einem hinein und sofort lief eine jede in eine andere Abteilung. Ich wollte sowieso nichts kaufen und passte auf, dass ich sie immer im Blick hatte.

Ein kurzer Augenblick der Unachtsamkeit – und sie waren plötzlich weg. Ich lief zu einem Ausgang, zum anderen – konnte aber keines von den Mädels mehr finden.

Ich erinnere mich, dass ich sehr rasch meine Ressourcen überblickte:

Ich sah auf die Uhr und hatte ca. 2 Stunden Zeit, zum Bahnhof zu kommen. Das war zu schaffen.

Es gab einen kurzen Moment der Panik, als mir einfiel, dass ich den Namen des Bahnhofes nicht wusste. Außerdem hatte ich keinen Stadtplan, das war ebenfalls ein Nachteil. Aber ich hatte einen Sprachführer für Touristen, da schlug ich gleich einmal nach, um überhaupt nach dem Bahnhof fragen zu können.

Dann stiefelte ich los, sammelte Mut, um einen Menschen nach dem Weg zum Bahnhof zu fragen. Ich ging und ging, traute mich aber erst nicht zu fragen. Schließlich trat ich mir in den Hintern, denn immerhin war ja die Möglichkeit gegeben, dass ich in die falsche Richtung lief. Als ich von weitem eine junge Frau sah, fasste ich allen Mut zusammen und stammelte ihr mein Sätzchen herunter.
Sie beschrieb mir den Weg: Alles wieder retour, weiter, bis zum Ufer des Flusses, am Ufer entlang bis zum Bus. Mit dem zum Bahnhof. (Gut aufgepasst, gell? Bis heute weiß ich es!)

Der Weg war lange, ich fand den Fluss und auch den Bus. Mittlerweile hatte ich genug Mut gesammelt und fragte den Buschauffeur sofort, als ich einstieg, ob das der Bus zum Bahnhof wäre. Und ich blieb auch neben ihm stehen und fragte bei jeder Station, ob ich aussteigen müsste. Es war mir sogar völlig egal, ob er das nervig fand oder nicht.

Endlich kamen wir zu einem Gebäude, das sah allerdings nicht so aus wie der Bahnhof, bei dem wir angekommen waren ... (eh klar, es gab und gibt zwei Bahnhöfe ...).
Egal, ich stiefelte hinein und fragte, ob von hier auch Züge nach Skerris führen, denn es war mir mittlerweile auch egal, ob ich die anderen finden konnte. Ich würde einfach nach Hause fahren und alles wäre gut.
Leider ging von dem Bahnhof kein Zug nach Skerris (logisch, aber fragen darf man noch?) – der Schaffner war aber sehr nett und setze mich voller Mitgefühl in einen weiteren Bus, der zum richtigen Bahnhof fuhr. Ich kam dort 10 Minuten vor der Abfahrt des Zuges an und konnte noch aufs Klo gehen.

Und wen traf ich dort? Die Mädels, denen war mein Fehlen nicht einmal aufgefallen ...

Was habe ich daraus gelernt?

- Ich kann auch sehr schwierige Situationen meistern.
- Ich *schaffe* das Meiste alleine.
- Mir wird aber geholfen, wenn ich danach frage = ich *bin* nicht alleine. Und so geht es leichter.

Außerdem noch:

- Hab immer einen Stadtplan mit.
- Höre immer zu, wenn jemand mit dir spricht. ;-)

Durch dieses Abenteuer damals mit 11 Jahren habe ich mir einen wunderbaren „Erfahrungs-Polster" geschaffen, auf den ich in anderen herausfordernden Situationen zurückgreifen kann.

Du kannst dir vorstellen, dass es in all den Jahren nicht sehr viel gab, das mir noch herausfordernder *vorkam*)* als diese Situation damals. Wenn etwas als eine Herausforderung erscheint, vergleiche ich es mit Situationen im Leben, liste mir vor dem geistigen Auge auf, was ich schon alles geschafft habe, und zack bekomme ich den Mut, dass ich auch *das* schaffen kann.

Selbstvertrauen kannst du dir aufbauen

Mach dir gleich eine Liste, auf der notierst, welche herausfordernden Situationen *du* schon gemeistert hast. Dabei kommt es nicht darauf an, wie du das geschafft hast. Ein „ich hätte es besser gekonnt" gilt nicht!

Erinnerungen können trügen und sind meist von unseren Glaubenssätzen gefärbt.

Nochmal: Egal also, wie sehr du damit gerungen hast und du vielleicht – deiner Meinung nach – nur mit „Ach und Krach" da rausgekommen bist – wichtig ist, dass du dir diese Situationen vors Auge holst und notierst. Das und das und das habe ich schon geschafft im Leben.

Schreib sie alle (wirklich alle!) auf – und das ist nicht mit einer „Einmal-Übung" getan. Meist fällt uns nach einigen Tagen wieder etwas Neues ein, weil wir die Aufmerksamkeit darauf legen.

Wenn es dir wieder einmal schlecht geht und du glaubst, „nichts zu können" oder dergleichen – also bemerkst, dass du dich in einer gedanklichen Negativspirale befindest, nimm dir die Liste und lies sie dir Punkt für Punkt durch, erinnere dich, dass du schon wirklich viel geschafft hast im Leben!

Und nun lässt du es zu, dass du stolz auf dich bist.

Und eine weitere Übung gibt es für dich: Du versuchst dich täglich in Sachen Mut. Kleine Schritte genügen, um Kraft zu sammeln. Kleine tägliche Mutproben. Lies dazu das Kapitel „99 Mutproben".*)

)*Noch etwas Wichtiges:
Ich schrieb weiter oben das Wort „vorkam" kursiv – es ist mir wichtig, hier noch einen Nachsatz einzubauen. ;-). Im Nachhinein und unter anderen Voraussetzungen kann es passieren, dass wir die Situation anders bewerten und sehen, als sie wirklich war.

Darum ist es mir wichtig, hier die Situation aus der Sicht einer 11-Jährigen zu sehen und sie nicht aus meiner jetzigen Sicht zu betrachten und sie dadurch vielleicht abzuwerten.

Abwertung durch uns selbst ist auch ein Feind unseres Selbstvertrauens.

Gemeinsam mit der Selbstliebe ist also das Selbstvertrauen ein Baustein für den Selbstwert. Man könnte es auch mit zwei Beinen vergleichen, auf denen das Selbstwertgefühl ruht. Beide Beine sollten gut ausgebildet sein, damit der Mensch auch in heftigen Lebensstürmen biegsam wie Bambus bleibt.

Meine Lebensweisheit:

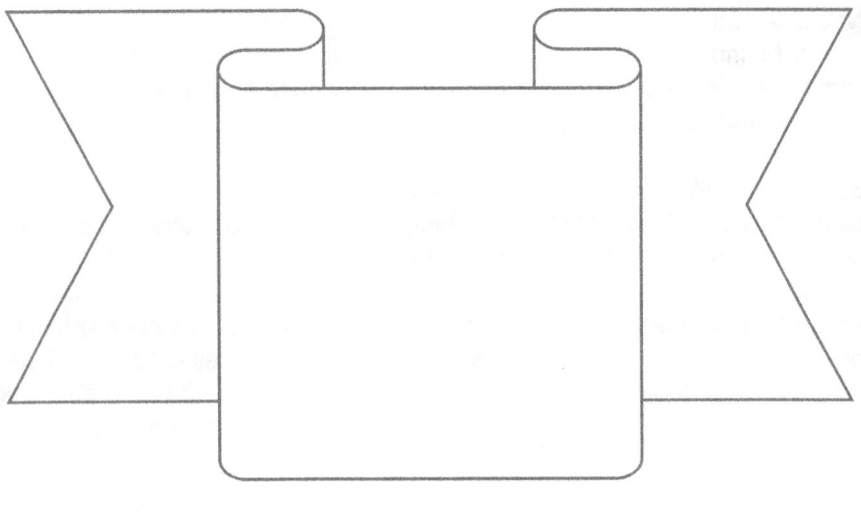

Selbstbewusstsein – mir meiner selbst bewusst sein

Den Ausdruck „Selbstbewusstsein" kann man aus einem psychologischen, philosophischen, soziologischen oder geschichtswissenschaftlichen Aspekt betrachten. Umgangssprachlich wird es oft mit „Selbstvertrauen" in einen Topf geworfen.

Im Wiki steht darüber: Allgemein wird Selbstbewusstsein als „das Überzeugtsein von seinen Fähigkeiten, von seinem Wert als Person, das sich besonders in selbstsicherem Auftreten ausdrückt" definiert.

Das wird gerne so aufgefasst, dass Menschen, die ein großes Haus, drei Autos und was weiß ich noch haben, als selbstbewusst beschrieben werden. Das stimmt aber nicht zwingend. Es könnte auch das Gegenteil sein. Das könnte nämlich Tarnung für einen besonders schwachen Selbstwert sein.

Ich akzeptiere mich so wie ich bin

Hier und heute möchte ich aber gerne das Selbstbewusstsein unter dem philosophischen Aspekt betrachten und zwar sehe ich es eher so, wie Kant es beschrieb: „Ich bin mir selbst ein Gegenstand der Anschauung und des Denkens." Oder wie es Jean Paul ausgedrückt hat:

„Der Mensch ist nie allein – das Selbstbewusstsein macht, dass immer zwei Ichs in einer Stube sind." Jean Paul (1763 – 1825)

Das heißt:

Selbstbewusstsein: „Ich sehe und akzeptiere mich mit allen meinen Stärken und Schwächen."

Ich weiß, woran ich noch arbeiten kann (möchte) bzw. dass ich noch an so manchem zu arbeiten habe.

Trotzdem liebe ich mich so wie ich bin.

Mein Selbstbewusstsein stärken

Selbstbewusste Menschen erscheinen nun als besonders erfolgreich im Leben. Wer möchte das nicht?

Das erfahren wir schon sehr früh im Leben und falls wir selber nicht selbstbewusst sind, lernen wir rasch, es zu spielen. Doch wie bei jeder Rolle, wirkt es nicht authentisch, wenn wir im Laufe der Jahre nicht in sie hineinwachsen. Fake it, till you make it.

Andererseits kann uns eine Rolle auch behindern. Manchmal ist es daher wertvoll, wenn wir Veränderungen in unserem Leben herbeiführen und zulassen. Ein neues Arbeitsumfeld, eine neue Ausbildungsgruppe, neue Freunde, ein neuer Partner. All das bietet ein neues Spielfeld, auf dem ich mich selber neu erfahre und neu kennenlerne.

In der Volksschule und im Gymnasium lief ich mit einer Freundin unter „die zwei Bezopften" (wir trugen das Haar in einem Zopf am Rücken) irgendwo am Rande der Klassengemeinschaft mit. Niemand nahm uns richtig wahr, bei Ballspielen rief man uns als letzte auf – wir hatten eine ganz bestimmte Rolle.

Ich entwickelte mich weiter, doch meine Rolle nicht – sie hielt mich eher zurück. Weil für meine Eltern ein Wechsel in eine berufsbildende höhere Schule keine Option war, wählte ich einen anderen Weg: Ich brach die AHS in der Oberstufe ab und begann eine Lehre.

Und genau als dieser Weg schon feststand – änderte sich auch meine Rolle in der Klasse über Nacht zu-fällig: als mich mein damaliger Freund mit dem Auto abholte.

Irgendjemand sah mich und am nächsten Tag war ich plötzlich „beliebt". Ein Auto zu haben bedeutete, älter zu sein als 17, und ältere Männer bedeuten ja auch gelebte Sexualität. Und da die meisten Mädels meiner Klasse noch keinen Sex hatten, war ich plötzlich interessant und wurde so beliebt wie ein Honigtopf bei Fliegen. Es verging kein Tag, an dem ich nicht um meine Erfahrungen oder Meinung gefragt wurde. Traurig, aber wahr, ich war doch die Gleiche geblieben. Nur das Umfeld sah mich plötzlich mit anderen Augen.

Ich wurde über Nacht in eine andere Rolle katapultiert und die gefiel mir viel besser. Als ich später in die Berufsschule ging, also die Schule wechselte, nahm ich mir vor – ich erinnere mich an diese bewusste Entscheidung –, diese Rolle von Anfang an einzunehmen.

Ich wurde „unheimlich cool" – fing auch an zu rauchen (weil damit wird man gleich noch viiiel cooler) und war eine von denen, die in der Klasse das Sagen hatten. Dass ich älter war als die anderen und aus der Oberstufe kam, half mir zusätzlich.

Ich gehörte mit vier anderen zu den „Ansagern". Ich entdeckte, dass man „da oben" Macht bekommt, die Gruppe zu lenken und anzuleiten. Und da ich wusste, wie man sich fühlt, wenn man ganz unten in der Gruppenhierarchie leben muss, achtete ich seitdem auf die Schwächeren.

Und langsam wuchs ich in eine Führungsrolle hinein. Mit 20 Jahren leitete ich eine Filiale bei DM mit fünf Mitarbeitern und einem Lehrling. Und drei Jahre später 15 Mitarbeiter und drei Lehrlinge. Ich lernte, dass mir im Außen vertraut wurde.

So wuchs ich mit meiner Verantwortung in eine Führungsrolle hinein und damit wuchs auch mein Selbstbewusstsein. Durch viele große und kleine Mutproben (und zu Beginn waren das eher die großen), die mein Alltag mit sich gebracht hatte, lernte ich all das, was mich heute ausmacht. (Lies hier mehr über **„Mut und Übermut"**.)

Heute kann ich sagen, dass ich tatsächlich selbstbewusst *bin*. Am Rest arbeite ich täglich. Fertig ist man kaum je, glaube ich.

Je besser man sich kennen lernt, desto mehr „Baustellen" tun sich auf.

Was ich mit meiner Geschichte bezwecken möchte, ist keine Lobhudelei. :-) Ich möchte dir damit gerne zeigen, dass du dein Selbstbewusstsein auf alle Fälle aufbauen kannst. Wie immer ist das natürlich Arbeit an dir selbst.

Selbstbewusste Menschen arbeiten an sich selbst.

Im Anhang findest du die Checkliste **„Selbstbewusstsein"**

Schau, welche Punkte sich für dich wirklich stimmig anfühlen, und achte auf deine Gefühle, wenn sich etwas noch nicht so stimmig anfühlt. Kennzeichne die Punkte, die sich stimmig für dich anfühlen – vielleicht mit einem roten Herz. :-)

Bei Punkten, wo du bemerkst, dass du noch Änderungspotential hast, mach dir daneben eine Anmerkung. Das ist deine Arbeitsliste. Von ihr wählst du den Punkt aus, der dir gefühlsmäßig am einfachsten zu bearbeiten scheint.

Und nun geht es los. Achte auf Begebenheiten in deinem Leben, wo du diesbezüglich auf Widerstand stößt oder wo du diesem Punkt begegnest. Ich lerne sehr leicht an sogenannten „Spiegeln" – und sehe im Außen bei anderen Menschen, bei Begebenheiten, in Büchern etc., was ich erkennen soll.

Je nach „Größe" der Angelegenheit nehme ich aber auch Unterstützung von meinem Coach in Anspruch. Wie immer bei dieser Art der Arbeit – werte dich nicht ab, nimm es an, wie es ist, und ändere es.

Du weißt ja, wohin die Reise geht – zu dir selber, zu einem starken Selbstbewusstsein:

„*Ich sehe und akzeptiere mich mit allen meinen Stärken und Schwächen.*"

Ich wünsche dir feine AHA-Erlebnisse bei deiner „Liste".

Ent-täuschung, weg von der Täuschung

Meine Mutter sagte immer: „Freu dich nicht zu sehr, dann wirst du nicht enttäuscht." – Nun frage ich dich: Ist das die Lösung für ein ganzes Leben? Oder nehme ich mir da die ganze Lebensfreude?

Wie können wir Enttäuschungen vermeiden? Können wir das überhaupt?

Oder können wir einfach nur lernen, mit der Enttäuschung richtig umzugehen?

Fragen über Fragen, die ich dir heute stelle – und wir versuchen nun gemeinsam die Antworten zu erarbeiten.

„Wie nun?", fragst du dich vielleicht. Enttäuschung oder Erwartung?

Ich sage dir, das eine ist das Produkt des anderen. Unsere Erwartungen nicht erfüllt zu sehen, das birgt Enttäuschung. Diesbezüglich hatte meine Mutter recht.

Doch die Lösung ist nicht, dass ich mich halt nicht mehr freue. Sondern, dass ich mit dem Gefühl besser umgehen lerne, das ich als Enttäuschung fühle. Und überlege, welche Glaubenssätze und Muster in mir machen, dass ich immer wieder eine Begebenheit so interpretiere, dass ich mich ent-täuscht fühle.

Enttäuschen kommt von „täuschen" und wurde früher verwendet als „aus einer Täuschung herausreißen". Diese Bedeutung möchte ich gerne beibehalten.

Enttäuschung bedeutet für mich, einer Täuschung

entkommen zu sein.

Ich gebe dem Wort gerne einen positiven Beigeschmack. Eine Täuschung kann etwas sein, das mich blendet, etwas, das mich davon abhält, den wahren Kern einer Sache wahrzunehmen.

Wie finde ich meine Glaubenssätze?

Hier sind wir schon an einem knackigen Punkt angelangt. Ja, wie geht das überhaupt? Die meisten von uns lernen auf die „harte Tour". Wir fallen so oft nieder, dass wir schon blaue Knie haben, ehe wir irgendetwas ändern.

Oder?

Wenn uns die blauen Knie auf die Nerven gehen, wird man klüger. Man kann es abkürzen.

Ich mach das so:
- Ich erkenne ein Hemmnis auf meinem Weg, das mich stört.
- Ich schaue, ob es mich schon öfter im Leben gehemmt hat.
- Wenn ja, bitte ich laut um „Auflösung" und Unterstützung. Am Abend, wenn ich schlafen gehe, die Augen schon zu sind. Da ist für mich der beste Zeitpunkt. Eine klare Bitte, laut gesprochen – in Richtung meiner Seele (Gott, oder an welche höhere Macht du glaubst, ist ebenso möglich). Wenn du an keine höhere Macht glaubst, richte deine Bitte an dein Unterbewusstsein.
- In der Nacht wird an dem Wunsch sozusagen gearbeitet. Und dann fallen mir in den nächsten Tagen und Wochen oder Monaten die richtigen Bücher in die Hände, ich treffe Menschen, die mich weiterbringen, und schreibe vielleicht „ganz zufällig" in der Früh einen Buchbeitrag über die Lösung eines Themas. (Zu-fälle gibt's keine!)
- Ab einem gewissen Punkt stoßen wir aber alle an unsere blinden Flecken. Ein blinder Fleck ist etwas, was wir selber nicht erkennen können. Das kennst du vielleicht auch. Du drehst und wendest ein Thema in deinem Leben herum, zerkaust es zwar, aber es lässt sich nicht schlucken. *gg*
- Solche blinden Flecken erkennen aber alle anderen. Und ganz bestimmt dein Coach. Mit den richtigen Fragen führt er dich zur Selbsterkenntnis und leitet den Prozess der Umwandlung an. Manchmal gibt es Hausaufgaben, die zu erfüllen liegt an dir, doch wenn du weiterkommen möchtest, machst du sie mit Freuden.

Wie gehe ich mit Enttäuschung um?

Wie fühlst du dich, wenn du enttäuscht bist? Jetzt bitte ich dich, dass du dich beim nächsten Mal genau in das Gefühl hineinspürst. Was ist es genau?

Ich empfinde bei mir eine gewisse Angst gepaart mit Wut. Die Angst entspringt dem „nicht geliebt werden" aus der Kindheit – alle unsere Ängste lassen sich auf diese eine Urangst herunterbrechen.

> *Die Wut trifft aber mich selber, weil ich mich habe täuschen lassen.*

In Wirklichkeit aber wirst du vielleicht feststellen, dass du dich nicht hast „täuschen lassen" – sondern, dass du dich getäuscht hast.

> *Deine Erwartungen haben sich in Luft aufgelöst*

Entweder hast du nicht alle Fakten gekannt und daher etwas anderes erwartet. Da hilft es, sich zu trauen, nachzufragen. Und zwar so lange fragen, bis du wirklich sicher weißt, was Sache ist.

Oder du hast zwar alle Fakten gekannt, sie aber idealisiert. Das passiert allen Menschen. Wir passen unsere Erlebnisse unseren „inneren Blaupausen" an und daraus entsteht ein persönliches Idealbild, das oftmals mit der „Wirklichkeit" (der anderen) nichts zu tun hat.

Z.B. wenn du längere Zeit von einem Menschen getrennt bist, kommt er dir plötzlich ganz verändert vor, wenn ihr euch wieder trefft. Doch meistens hat nicht er sich so total geändert, sondern dein Unterbewusstsein hat ein Idealbild von diesem Menschen geschaffen, das im hellen Tageslicht der Wirklichkeit nicht standhält.

Wenn du dich nun darauf konzentrierst, worin du dich getäuscht hast, und die Verantwortung für die Ent-täuschung übernimmst, wirst du nicht mehr still leiden. Im Gegenteil, du hast ein machtvolles Werkzeug in der Hand, um es das nächste Mal besser zu machen.

> *Es liegt immer an dir.*

Wenn die Selbstzweifel-Falle wieder zuschlägt

Kennst du Folgendes?
Du hast wieder einmal echt gute Arbeit abgeliefert. Hast dich verausgabt und Stunden gearbeitet. Nun ist dein Werk fertig. Du stellst es online. Oder in dein Geschäft.

Und genau in diesem Augenblick beginnen die Selbstzweifel. Du rückst im Schaufester an dem guten Stück herum, änderst deinen Shop oder deine Webseite 100 Mal – weil du dir in deinem tiefsten Inneren sicher bist: das will eh keiner. „Es ist nicht gut genug. Ich bin nicht gut genug."

Damit fängt die Spirale abwärts an. Doch dann ruft eine Kundin an und bestellt ein Exemplar.

„Vielleicht ist es doch nicht so schlecht?"

Du beginnst wieder zu hoffen. Das Hin und Her zermürbt dich, schließlich gibst du dein Geschäft oder Business wieder auf.

In diesem Beispiel hast du dem Selbstzweifel die Oberhand gegeben. Und entsprechend einem uralten Glaubenssatz gehandelt, der tief in dir liegt:

> *„Das was ich habe, was ich bin,*
> *was ich kann, ist nichts wert."*

Entdecke die Ursache deiner Selbstzweifel

Der Selbstzweifel wird oft der „innere Kritiker" genannt. In unterschiedlichen Modellen gibt es die unterschiedlichsten „Anteile" in uns. Einer davon kann der ewig nörgelige innere Kritiker sein.

Doch halt – ehe wir diesen Anteil verdonnern und ihn beschimpfen oder gar bekämpfen: Jede Medaille hat doch zwei Seiten! Also sind wir aufgerufen, auch hier den zweiten Aspekt zu suchen, wenn er nicht klar vor uns liegt.

Im Falle des „inneren Kritikers" liegt das nicht so offensichtlich auf der Hand. Da ist die Stimme in uns, die ständig nörgelt: „Das kannst du nicht. Fang erst gar nicht damit an. Schuster bleib bei deinem Leisten."

Kennst du sie?

*Oder, wenn etwas schief gegangen ist: „Na siehst du,
hab ich dir ja gleich gesagt!"*

Meist zieht sich der „innere Kritiker" beleidigt zurück und erscheint erst wieder pünktlich auf der Szene, wenn du etwas Neues beginnen willst.

Man könnte meinen, er ist ident mit dem inneren Schweinehund. Ich fühle ihn ähnlich, aber nicht völlig ident.

Der Schweinehund entstammt meinem Gefühl nach eher einem archaischen Bedürfnis, das der gesamten Menschheit gleich ist, die Komfortzone nicht zu verlassen.

Der „innere Kritiker" arbeitet Hand in Hand mit dem Schweinehund, doch er stammt aus deinen Erfahrungen und den Regeln deines Kulturkreises in deinem Leben.
Der Unterschied kann ganz diffizil sein.

Der innere Kritiker ist eine Instanz (so der Fachausdruck für diese „Teile" in uns), die wir uns selber geschaffen haben. Er kann aber auch die Stimme eines Menschen haben, der in unserer Kindheit viel Einfluss auf unsere Erziehung gehabt hat.

Mein innerer Kritiker hat die Stimme meiner Großmutter. Der Salat muss mit kaltem Wasser gewaschen werden, der Schnittlauch noch feiner geschnitten werden, die Zwiebel nicht so fein, sonst wird sie bitter ... Aber auch bei anderem, das nicht das Kochen betrifft, höre ich sie manchmal.

Wofür sind Selbstzweifel gut?

Ich fühle den inneren Kritiker auch als mein Ego.

Er hat eine wichtige Aufgabe in meinem Leben.

Er sorgt für mein Überleben. (Darum ist er auch mit dem Schweinehund so gut Freund. Sie spielen sich gegenseitig den Ball zu, um mich am Laufen – oder besser gesagt, in der Komfortzone – zu halten.) Das macht er gut, denn bisher lebe ich noch.

Auch dein innerer Kritiker arbeitet tadellos, denn du liest ja diese Zeilen. Wahrscheinlich nickt er jetzt gerade und klopft sich auf die Schulter. Sieh nur, wie stolz er lächelt!

Er hat die Aufgabe, dir die „rosarote Brille" von der Nase zu reißen. Das ist generell gut. Denn in Zeiten, wo z.B. deine Hormone verrücktspielen (wenn du verliebt bist) oder du nicht genau über den nächsten Schritt (auf die Straße) nachdenkst, hat der innere Kritiker etwas Gutes.

Er möchte, dass du noch einmal genau über die Sache nachdenkst. Ein weiteres Mal alle Fakten prüfst. Erneut die Kalkulation durchrechnest. Möglich wäre ja, dass du dich verrechnet hast.
Mehr will er nicht.

Er möchte dir helfen und vermeiden, dass du hinfällst.

Aber wenn du ihn in die Wüste schickst und nicht auf ihn hörst, wird er bockig und bewirft dich mit klebrigem Schlamm, der dich ganz ausbremst. (So kommt es mir bildlich gerade in den Sinn.)

Der Schlamm sind Gedanken, die sich immerzu um einen negativen Ausgang der Sache drehen. Eine Endlosspirale in Sachen Untergang. Der Sieger ist wieder einmal der innere Kritiker.

Der richtige Umgang mit dem inneren Kritiker

Er kennt deine Stärken und deine Schwächen. Daher kannst du ihn als einen wertvollen Partner in Sachen deines Planes gewinnen. Das gelingt oft mit einer Konferenz. Ich bitte den Teil, der den Plan erfunden hat, und den inneren Kritiker (in meinem Fall das Ego) an den runden Tisch.

Zunächst atme ich ruhig und entspanne mich. Dabei verbinde ich mich mit meinem Bauch. Ich schalte den Verstand auf Pause, er überblickt die Situation, greift aber nicht ein.

Nun geht es ähnlich wie bei einer Konferenz zu. Jeder sagt seine Für und Wider zu der Sache.

Am Ende handeln die beiden etwas aus. Meist nimmt mein Ego auch einen Zettel aus seiner Omama-Tasche und zerreißt ihn, bin ich auch einen Glaubenssatz losgeworden ...

Du kannst das auch „in echt" machen. Schreib auf ein Post-it „Kritiker" (oder gib ihm einen eigenen Namen) und auf das andere Post-it schreibst du „Innovator" (oder wie du den Teil, der bei dir für Erneuerungen zuständig ist, nennst).

Die Post-it klebst du auf Sessel, die um einen Tisch stehen. Nun nimmst du erst die Position des einen Verhandlungspartners ein. Fragst ihn, was er zu der Sache im Allgemeinen meint und wo er die Vor- und Nachteile sieht. Du schreibst einfach die Dinge auf, die er sagt.

Danach wechselst du den Platz und machst das mit dem (oder den, falls du mehrere in die Konferenz bittest) anderen Partner ebenso.

Wenn du mit allen Partnern fertig bist, gehst du mit einigen Atemzügen wieder heraus aus dem Spiel und liest nun mit deinem wachen Bewusstsein, was du geschrieben hast. Dadurch bekommst du einen ziemlich klaren Weg.

Zusätzlich findest du sicherlich auch noch Glaubenssätze, die dir hinderlich werden können, wenn du diese bestimmte Sache startest. Wenn es dir gelingt, diese Glaubenssätze umzuwandeln, steht einem Neubeginn nichts mehr im Weg.

Was ich meinem inneren Wächter sagen möchte:

Danke, ...

Danke, ...

Danke, ...

Danke, ...

Danke, ...

Danke, ...

....

....

Streit

Muss Streit sein?

Bist du der Typ, der gerne streitet? Oder ziehst du dich lieber aus der Affäre und verlässt den Schauplatz?

Streiten ist ein Teil unserer Menschheitskultur seit der Steinzeit. Sei es Eifersucht, Futterneid, Machtgier, Besitzdenken oder anderes – wir Menschen neigen dazu, unsere Konflikte im Streit auszutragen. Zwar haben wir in all den Jahrtausenden schon gelernt, nicht mehr gleich zuzuschlagen, doch lautes Schreien oder Rückzug sind immer noch in uns drinnen. Wer laut schreit, setzt sich ins Unrecht. So sagt schon ein Sprichwort. Streit sollen wir möglichst vermeiden, das lernen schon unsere Kleinsten im Kindergarten.

Doch ist Streit wirklich schlecht?

Jetzt könnte man glauben, Streit ist grundsätzlich schlecht, doch alles hat seine zwei Seiten. Streit ist zum Beispiel positiv, weil dadurch eine zwischenmenschliche Beziehung zum Positiven verändert werden kann. Streit macht ein Thema erst interessant – die alltägliche Routine wird unterbrochen.

„Was nicht umstritten ist, ist nicht sonderlich interessant." (J.W. von Goethe)

Doch dazu habe ich ein weiteres Problem erkannt: Es gibt zusätzlich ein sprachliches Missverständnis – die Worte Streit und Auseinandersetzung liegen umgangssprachlich nahe beieinander – und Diskussion ebenso.

Wo liegt der Unterschied?

Bei beiden geht es um unterschiedliche Sichtweisen zu ein und derselben Sache. Aber stimmt das wirklich?

Geht es bei jedem Streit und jeder Auseinandersetzung um unterschiedliche Sichtweisen zu ein und derselben Sache? Können zwei (oder mehrere) Menschen überhaupt jemals ein und dieselbe Sache gleich betrachten?

Und wie oft ist es dir schon passiert, dass man mitten im Streit erkennt, dass einer der Parteien den Satz, der den Streit ausgelöst hat, völlig missverstanden, anders gedeutet oder auf andere Tatsachen bezogen hat?

Und wenn man das rein sprachlich begründete Missverständnis erkannt hat, haben die Streitpartner die Größe, den Streit sofort und über sich selber lachend beizulegen? Dies gilt es zu beleuchten.

Da ist es bei der Diskussion einfacher. Hier wird eindeutig ein Thema benannt – dazu trägt jeder Partner seine Ansicht vor – diese werden durchbesprochen, alle Für und Wider abgewogen und die beste Lösung wird genommen.

Doch auch hier – ein eindeutiges Thema ist bei mehreren Menschen nicht mehr ein-deutig. (Ich schreibe hier bewusst einen Bindestrich – ein-deutig: Einer (ich) deute etwas.)

Langsam kommen wir auf des Pudels Kern

Streit, *Auseinandersetzung* oder *Diskussion*, haben sie nun einen gemeinsamen Nenner?

Ich sage, ja, es ist die Kommunikation. Der gemeinsame Nenner, den die gewaltfreie Kommunikation von Marshall B. Rosenberg wie folgt beschreibt:
Im Grunde geht es darum, dass ich ganz in mir selber verankert bin und aus dieser Grundhaltung jede Äußerung eines anderen Menschen als das annehme, was sie ist: Sie macht mich nicht nieder, sondern dient dazu, etwas von sich mitzuteilen, Aufmerksamkeit zu erlangen oder Bedürfnisse mitzuteilen. Ich brauche mich daher nicht angegriffen zu fühlen, sondern kann mich diesen Bedürfnissen widmen.

Der Weg dorthin kommt auch aus der gewaltfreien Kommunikation und heißt „emotionale Befreiung". Wenn wir uns zur emotionalen Befreiung hin entwickeln, scheinen die meisten von uns drei Stadien in ihrer Kommunikation mit anderen zu durchleben. Marshall B. Rosenberg beschreibt diese wie folgt:

1. Emotionale Sklaverei:

Wir übernehmen die Verantwortung für die Gefühle anderer. In diesem Stadium glauben wir, dass wir uns ständig darum kümmern müssen, dass alle glücklich sind. Wenn die Menschen rund um uns keinen glücklichen Eindruck machen, fühlen wir uns verantwortlich und sehen uns gezwungen, etwas dagegen zu tun. Das führt mitunter dazu, dass die, die uns am nächsten stehen, eine Last für uns scheinen. Die Verantwortung für die Gefühle des anderen zu übernehmen, kann sich in intimen Beziehungen sehr zerstörerisch auswirken. Das führt letztendlich dazu, dass man sich auf Beziehungen schwer einlassen kann.

2. Rebellion:

Wir ärgern uns und wir wollen für die Gefühle anderer nicht länger verantwortlich sein.

Hier wird uns bereits klar, dass es für uns nicht gut ist, wenn wir die Verantwortung für die Gefühle anderer übernehmen und sie auf unsere Kosten zufriedenstellen. Wir bemerken, dass wir auf diese Art und Weise sehr viel von unserem Leben versäumen. Wir neigen dazu, rebellische Kommentare abzugeben: „Das ist dein Problem! Ich bin nicht verantwortlich für deine Gefühle!" Wir sind jetzt soweit, dass wir uns nicht mehr für jemanden verantwortlich machen, müssen aber noch lernen, wie man sich anderen gegenüber verantwortlich verhält, ohne sich emotional zu versklaven.

3. Emotionale Befreiung:

Wir übernehmen die Verantwortung für unsere Absichten und Handlungen. Nun reagieren wir auf die Bedürfnisse anderer aus Mitgefühl heraus, nicht aus Angst, Schuld oder Scham. Nun kann das, was wir tun, Zufriedenheit in uns und dem anderen auslösen. Wir übernehmen die volle Verantwortung für unsere Absichten und unsere Handlungen, aber nicht für die Gefühle anderer Menschen. Mittlerweile ist uns bewusst, dass wir unsere Bedürfnisse auch nicht auf Kosten anderer erfüllen können. Zur emotionalen Befreiung gehört, dass wir klar aussprechen, was wir brauchen. Und das auf eine Weise, die deutlich macht, dass uns die Bedürfniserfüllung anderer Menschen ebenso am Herzen liegt.

Lies dazu den Artikel **„Wenn zwei miteinander sprechen"** auf meinem Festival der Sinne-Blog.

Meine Mutter, mein bester Coach

Hat dich dieser Titel aufgeregt? Oder neugierig gemacht? In diesem Fall bist du bei diesem Kapitel heute genau richtig.

Letztens hatte ich wieder Gelegenheit, meiner Mutter zuzuhören. Wie immer, wenn ein Geburtstag ist, kommen wir alle zusammen, jausnen und spielen danach ein Spiel.
Und nahezu jedes Mal habe ich die Gelegenheit, meiner Mutter zuzuhören. Aufmerksam zu hören, was sie sagt.

Verstehe mich richtig, ich achte genau auf die Worte, die sie sagt. Sie erzählt mir etwas völlig Banales über ihr Leben, wie sie dies oder jenes tut oder nicht tut.

Und ich, ich habe Gelegenheit, nahezu jedes Mal aufs Neue, mich innerlich zu bedanken für dieses wertvollste aller Geschenke, das mir meine Mutter machen kann.

Wie stehst du zu deiner Mutter? Besonders wenn deine Gefühle zu deiner Mutter zwiespältig sind, findest du hier vielleicht einen neuen Weg für dich. Einen Weg, der zur Entspannung führt. Und dich verzeihen lässt. (Wenn deine Mutter nicht mehr lebt und du dich noch nicht ausgesöhnt haben solltest, erinnerst du dich sicher noch an Dinge, die sie gesagt hat, und auch das hilft.)

Deine Mutter bringt dich in Kontakt mit deinen tiefsten Glaubenssätzen.

Wie kann meine Mutter mein Coach sein?

Nun, erst einmal ist das Wort Coach natürlich ein bisschen frei gewählt. Es soll ja deine Aufmerksamkeit auf dieses Thema lenken. Sie ist ja nicht wissentlich dein Coach. ;-)

Aber dennoch kannst du es wie eine kostengünstige „Coachingstunde" nehmen, denn wenn du deiner Mutter aufmerksam zuhörst, hast du die Chance, mit deinen Glaubenssätzen in Kontakt zu kommen!

Mein Grundgedanke dabei ist dieser:

Die ersten und daher am tiefsten sitzenden Glaubenssätze sind von unseren Eltern, in meiner Familie waren das hauptsächlich die Mutter und die Großmutter.

Dabei prägt uns, wie sie auf uns reagieren und was sie zu uns sagen. Ebenso, was „richtig" und was „schlecht" ist. Daraus entstehen unsere Glaubenssätze. Sätze, an die wir glauben und die unbewusst unser Leben gestalten.

Für heute möchte ich auf der Ebene der Sprache bleiben. Die tiefer sitzende Ebene der Vorbildwirkung klammere ich dabei bewusst aus.

Wir haben von der Mutter die Sprache gelernt. Wie lernt ein Kind die Sprache? Indem es das, was es hört, mit dem, was es fühlt, und dem, was es sieht, verbindet. Und daraus einen Sinn – seinen Lebens-Sinn – macht.

Das funktioniert über *ständige Wiederholung*. Jeden Tag aufs Neue wird im Gehirn eine entsprechende Nervenbahn zu diesem oder jenem Glaubenssatz erzeugt. Alle nach demselben Muster, das wir von unserer Mutter sehen, hören und fühlen.

Überlege:

Was hast du von deiner Mutter gelernt?

- in Bezug auf Glück
- in Bezug auf Geld
- in Bezug auf das Leben selbst
- in Bezug auf deinen Wert als Frau
- in Bezug auf Sichtbarkeit
- ...
- ...
- ...

So lernen wir am besten. Sehen, hören und fühlen.

Ich kann mich an Momente tiefen Wohlgefühls in meiner Kindheit erinnern, wenn ich etwas „begriffen" hatte und meine Mutter irgendwie harmonisch reagierte.

Ich kann mich aber auch an Momente erinnern, wo ich tief in meinem Inneren nicht einverstanden war mit dem, was sie sagte. Ich erinnere mich, dass ich heimlich das Gegenteil ausprobierte, und da mich kein „Blitz niederschlug", lernte ich, dass *meine* Wahrheit eine andere sein muss als die meiner Mutter.

Beispielsweise hatte ich einmal Fieber gehabt und am nächsten Tag stand am Frühstückstisch ein Kännchen Milch. Ich hatte solchen Gusto auf diese Milch, aber meine Mutter verbot mir, von der Milch zu trinken. Sie meinte, wenn man Fieber gehabt hätte, dürfe man keine Milch trinken, das wäre schlecht.

Als sie kurz hinausgegangen war, fuhr ich mit dem Finger ins Kännchen und schleckte ihn ab. Ich dachte mir: „Das kann doch nicht sein, dass mein Körper solchen Gusto auf Milch hat und sie nicht verträgt!" Und war in Erwartung irgendeines Ereignisses – das die Aussage meiner Mutter beweisen würde.
Was soll ich dir sagen – ich war total erstaunt, als nichts passierte!

Ich war damals ungefähr sieben oder acht Jahre. Damit begann ich natürlich mehr auf meinen Körper und seine Gefühle zu hören als auf meine Mutter (oder Großmutter). Wenn sie nicht anwesend waren, machte ich es auf meine Weise. Lange Zeit mit einem mulmigen Gefühl, das ja daher rührte, dass ich mich „anders" als sie benahm oder handelte. Doch mit der Zeit wurde daraus mein Lebensgefühl.

Glaubenssätze von der Mutter

Wir übernehmen bestimmte Glaubenssätze von dem Moment an, wenn wir geboren werden. Ab diesem Moment beginnt unsere Sprachentwicklung und unser Weltbild formt sich langsam.

Manche Glaubenssätze sind also schon in frühester Kindheit entstanden! Und so lange tragen wir sie mit uns herum. Wenn wir sie nicht aufspüren, hinauswerfen aus unserem System und einen neuen Glaubenssatz programmieren.

Und dieses „Bilden von Glaubenssätzen" hört niemals auf – es geht immer weiter. Jedes Mal, wenn wir einem Menschen oder einer Gruppe zugehörig sein möchten, fallen wir – wenn wir nicht selbstbewusst sind und gelernt haben, bei uns zu bleiben – wieder in das Muster der Anpassung. Beispielsweise, wenn man sich verliebt …

Diese archaischen Muster sind sehr erfinderisch. Kaum passt man nicht auf, schwupp, kommen sie bei der Hintertüre wieder herein. Denn natürlich ist Anpassung an eine Gruppe oder einen Menschen normal. Doch wenn ich den Gruppenkodex in mein Leben integriere, mich völlig an ihm orientiere und mich selber dabei aufgebe, ist es um meine Persönlichkeit geschehen.

Ich sehe es so – und das ist für viele Menschen ein sehr rebellischer Gedanke: Anpassung ja, aber dabei authentisch bleiben. Anpassung also nur so lange und so wenig wie möglich und nur, wenn es unbedingt nötig ist. Ansonsten bleibe ich so authentisch (bei mir) wie nur irgendwie möglich.

Dazu muss ich mir aber der Regeln bewusst sein! Ich erkenne klar, was die kulturelle oder gruppenbezogene Regel ist, und entschließe mich aus einem wichtigen Grund dazu, diese Regeln zu befolgen. Mit dem Bewusstsein, dass ich dies oder das nur in dieser Gruppe mache (z.B. in der Schule, Arbeit, Öffentlichkeit …) – ich zu Hause oder aber in anderen Gruppen nicht so leben muss.

Umprogrammieren von Glaubenssätzen

Das Umprogrammieren dauert. Mit einer einmaligen Wiederholung ist es nicht geschehen. Es braucht unzählige Wiederholungen, immer und immer wieder.

Da wir auf die Liebe (und damit auf ihren Schutz vor der Welt) unserer Mutter angewiesen waren, passten wir uns an, wurden gleich mit der Mutter. Ein etwaiges „Anderssein" hätte uns ja „in Gefahr" gebracht, Liebe und Schutz zu verlieren. Da ist es logisch, dass wir ihre Art zu denken und zu handeln übernehmen.

Und das passiert völlig automatisch.

„Und werden auch wir eines Tages Mütter …"

Edith Gloor schreibt in ihrem Buch „Holy Shit – Meine Weltreise von der Querschnittlähmung zum aufrechten Gang": „Um eine neue Ordnung im Kopf herzustellen, muss man die alte komplett auflösen."

Und das ist nur möglich, wenn wir unsere

Glaubenssätze aufspüren.

Geht es dir dabei wie mir? Manchmal geht das Aufspüren und Umwandeln rascher, manchmal hänge ich und scheinbar geht nichts weiter.

Und dabei unterstützt mich ein Gespräch mit meiner Mutter ohne besonderes Zutun meinerseits. Wir sitzen beisammen, trinken Kaffee, spielen Spiele und sie spricht. Ich höre zu und nehme wahr, was ihre Worte mit mir machen.

Und da und dort springt mich der eine oder andere Satz geradezu an! Das sind genau diese Sätze, die mich geprägt haben.

Genau bei diesen Dingen hänge ich in meinem Leben. Denn wenn mir ein bestimmter Satz so auffällt, habe ich etwas damit zu tun.

Früher hat mich so manches aufgeregt, was sie gesagt hat – da konnte ich dieses „Geschenk", das sie mir unbewusst machte, noch nicht erkennen. Ich wusste nicht, warum mich manche ihrer Aussagen so sehr aufregten. Dabei hatte ich nur tief in meinem Inneren bereits begonnen, den Glaubenssatz, zu dem die Aussage geführt hatte, in Frage zu stellen, ihn zu erkennen und hinter mir zu lassen. Diese bestimmte Aussage meiner Mutter hatte mich nur deshalb so aufgeregt, weil es für mich an der Zeit war, ein hinderliches Muster zu erkennen und loszulassen. Mittlerweile erkenne ich diese Sätze. Ich kann sogar darüber lächeln – sie be-lasten mich nicht mehr. Ich lebe nicht mehr danach.

Dadurch ist Friede in meiner Beziehung zu meiner Mutter eingekehrt.

Ein bisschen erinnert mich dieser Weg an die emotionale Befreiung von Marshall B. Rosenberg (Gewaltfreie Kommunikation) – zuerst fühle ich mich verantwortlich für die Gefühle anderer (weil ich annehme, sie selber zu verursachen), dann rebelliere ich dagegen – wobei ich diese Rebellion auf meine Gefühle beziehe, die der andere in mir auszulösen vermag und denen ich nicht mehr entsprechen möchte.
Und schließlich gelange ich einen Schritt weiter – ich übernehme die Verantwortung für meine Gefühle. Fühle mich nicht mehr angegriffen oder beleidigt von dem, was der andere sagt – sondern kann ihn und das Gesagte einfach annehmen. Wenn ich Emotionen verspüre, schaue ich bei mir nach, wo *ich* diesbezüglich Handlungsbedarf habe.

Wo stehst du gerade mit deiner Mutter?

Fühlst du dich verantwortlich für ihre Emotionen, machst daher alles, was sie zufriedenstellen könnte, fühlst dich dadurch aber überlastet und versuchst sie auf Abstand zu halten? (erste Phase)

Bist du in der rebellischen Phase, wo du gegen alles aufgebracht reagierst, was sie sagt und tut? Es regt dich jedes Mal total auf und du hältst sie daher auf Abstand? (zweite Phase)

Oder kannst du deine Mutter schon als das nehmen, was sie ist, ein Mensch mit seinen Bedürfnissen und Erfahrungen, die er in einer anderen Zeit gemacht hat, wo Glaubenssätze durch Not (Hunger, Angst) geprägt waren und das Überleben so gesichert haben.

In dieser dritten Phase hörst du gerne zu und freust dich über den einen oder anderen Satz, den sie sagt, weil er dich besonders anspricht und du einen weiteren Glaubenssatz aus deinem System bringen kannst.

Natürlich kannst du diese Übung mit allen Menschen machen, die maßgeblich an deiner Erziehung beteiligt und die für deinen Schutz wichtig waren und denen du dich „gleich" gemacht hast. Genauso aber auch bei deiner Schwiegermutter, das geht „übers Eheeck". Da erkennst du, mit welchen Glaubenssätzen dein Partner groß geworden ist.

Die Leucht-Sätze meiner Mutter

Möchtest du wissen, was das für Sätze sind? Ich sehe es dir an, du bist schon neugierig. ,-)

Vielleicht hast du selber ja ähnliche gehört. Sie sind natürlich auch geprägt von den Mangeljahren der Kriegs- und Nachkriegszeit.

Hier Sätze, die meine Mutter immer wieder einmal sagt:

- So viel Glück habe ich ja gar nicht verdient (beim Spiel, wenn sie Spielgeld gewinnt).
- Da teile ich uns zum Kaffee je zwei Kekse zu. (Es ist nicht genug da.)

- Ich will nur ja nicht, dass meine E-Mail da draußen (im Internet) bekannt wird, das ist gefährlich, da hat man keine Ruhe mehr. (Sichtbarsein ist gefährlich.)
- Dafür habe ich kein Geld ...
- Barfuß kann ich nicht gehen, da verkühle ich mich.

In diesem Sinne wünsche ich dir erfreuliche Stunden mit deiner Mutter.

Nachsatz:
Einige Zeit nachdem ich diesen Artikel geschrieben hatte, besuchte ich mein erstes Tantraseminar. Dabei sprengte ich einige der Sätze, die ich von meiner Mutter übernommen hatte. Lies hier meinen Bericht:

Sprengung der Grenzen

Ich hoffe, du hast die letzte Woche gut verbracht und vielleicht hat sich auch schon einiges in deinem Leben getan – ab heute geht es für dich gleich weiter mit Riesenschritten.

Warum ich das sage?Weil ich an diesem Wochenende einen Riesenschritt gemacht habe. Äußerlich nur für mich, doch wie alles im Leben ein Spiegel ist, kannst auch du davon profitieren – von meinen Erfahrungen und von meinen Wasser-Eiskübeln, die mein Ego über mich gießt – dass ich wie ein begossener Pudel dastehe.

Mein tiefster Herzenswunsch ist, dir damit Mut zu geben auf deinem Weg in die emotionale Freiheit. Aber lies die ganze Geschichte – ich erzähle sie nur dir.

Die Geschichte handelt vom Selbstzweifel.
Schon seit einigen Wochen läuft es bei mir einfach wunderbar. Alles ist im Flow, ich lerne jeden Tag wirklich feine Menschen kennen, schaffe auf wundersame Weise Arbeitsberge, bin glücklich und zufrieden, habe Spaß mit meinen Kids und alles ist obermäßig wunderbar.
Bis auf die eine innere Stimme, die da von Zeit zu Zeit sagt: „Na, wer weiß, wie lange das noch gut geht." (Wenn du mehr über Mut lesen möchtest, nämlich den Über-Mut – den Mut, der über dem normalen Mut liegt, dann lies bitte „**Die Geschichte von Mut und Übermut**"

Diese Stimme kannte ich, ich habe sie bewusst ignoriert. (Hast du Kinder? Dann kennst du sicher die Momente, wo sie bewusst an und über Grenzen gehen.)

Dann war ich von Mittwoch bis Sonntag auf einem Selbsterfahrungsseminar. Dabei geht es um sehr viel Herzensliebe und innigen Körperkontakt. Allein das bringt ja viele Menschen schon an ihre Grenzen. Ich habe es von Anfang an genossen. Allein die Übung, wo wir mit verbundenen Augen kosten, riechen und tasten konnten, war Balsam für mein inneres Kind – es jubilierte. Ich war so über-glücklich!

Am zweiten Tag bekam ich Kopfweh. Ich weiß nicht mehr, ob ich dir das schon in einem Beitrag geschrieben habe, aber Kopfweh hatte ich schon lange nicht mehr – seit ich damals meiner inneren Egodame ihren Irrtum in Sachen Glück, Flow und mich krank machen bewusst gemacht habe.

Ich ignorierte das Kopfweh. Du weißt ja, wie das ist, mit Kindern und Grenzen.
Und ich machte einfach weiter.

Am Abschlussabend hatten wir ein überaus feines Ritual, bei dem sich dann die Apokalypse für mich abspielte. Ich bekam von meiner Egodame einen sprichwörtlichen Kübel mit kaltem Wasser über den Kopf geschüttet. Mit Eiswürfeln drinnen.

Dazu musst du wissen, dass ich ein Totem habe – den Feuervogel, auch als Phönix bekannt. Er hat den Weitblick wie der Adler, die Haut eines Elefanten, den Mut eines Löwen und den Atem eines Delphins. Meine Egodame ist eine kleine Alte mit einer altmodischen Handtasche, da hat sie eine Menge Zetteln drinnen – die Glaubenssätze.

Er und meine Egodame sind das Yin (sie) und Yang (er) in meinem Lebensrad. Schon oft hatten die beiden eine heiße Diskussion, bei der meist sie einen der Zettel vernichtet hat.

An diesem Abend zauberte sie etwas absolut Neues aus ihrer Tasche – drei O-meter (Ich hatte vor einigen Tagen über den Kurs von Uta Nimsgarn schon Bekanntschaft gemacht mit meinem Geld-o-meter. Mein Geldometer sagt mir, wie viel Geld ich haben darf. Das zu verändern, daran arbeitete ich damals auch gerade.)

Diese drei nenne ich das „grausige Triumvirat":
- Soviel Glück habe ich nicht verdient.
- Gesehen (Sichtbar) zu werden ist gefährlich.
- Über-Mut tut selten gut.

Der höchsten Markierung im Glück-o-meter hatte ich mich schon wochenlang genähert. Mit dem Seminar hatte ich es überschritten – Kopfweh war eine Strafe und der Versuch, mich zu reduzieren.

Doch im Ritual wurde ich tatsächlich sichtbar – und dieses Sichtbar-o-meter kannte ich noch nicht. Ich bin durch meine Messen, Zeitschriften, Seminare, Blogs und Bücher seit Jahren sehr sichtbar. Im Außen, doch im Ritual zeigte ich auch mein Innerstes – ich zeigte Mut über normalen Mut, wurde überglücklich und machte mein Innerstes sichtbar. (Lies dazu das Kapitel „**Sichtbarkeit versus Aufmerksamkeit**".)

Und sprengte damit die Glasröhrchen der O-meter meiner Egodame. Sie waren in diesem Fall aus Eis – man kann es vergleichen mit: Ich sprengte die gläserne Decke, die aus einer dicken Schicht Eis war.

Durch die Kraft der Männer in der Gruppe hatte mein Feuervogel (Yang) genügend Feuer, um diese arg dicke Decke zu durchbrechen.

Da hat meine Egodame – du weißt ja, wie man Feuer löscht – einen Kübel eiskaltes Wasser (diese undankbare und unschöne Rolle hat ein Mann der Gruppe übernommen) – kreativ angefüllt mit den Eisstücken von der Decke – über mich gelehrt. (Du kennst vielleicht solche Situationen – wir sagen dazu auch „wir stehen wie ein begossener Pudel da".) Das Wasser hatte das Feuer gelöscht.

Ich war ein Häufchen heulendes Elend. Ich sammelte meine Einzelstückchen auf, kratzte meine Reste vom Boden und schlich zur Supervision.

Denn ich hatte keine Ahnung, wie ich diese Situation für mich deuten konnte. Rein äußerlich hätte man diesem Mann, der mich und meine Weiblichkeit wie einen Putzfetzen behandelt hatte, natürlich verdonnern können. Doch alles im Außen ist ein Spiegel. Alles rufen wir uns ins Leben, auch das Unschöne.

Das war mir klar, doch ich sah, blind durch meine Tränen, nicht den Lerneffekt der Sache. In der Supervision – sie dauerte zirka 15 Minuten – stellte mir die Leiterin einige Fragen, durch die ich in die richtige Richtung denken konnte.

Und in der Nacht hatte ich dann die Vision mit dem Feuervogel und der Egodame. Ich sah außerdem noch, dass auch sie das Herz eines Löwen (Yang) hatte und der Feuervogel das Yin der Wiedergeburt. Ich sah außerdem, dass die beiden zwei Seiten einer Medaille oder auch das dir vielleicht bekannte Yin-Yang-Zeichen sind.

Ich sprengte an diesem Abend meine Grenzen und durch das Yin der Frauen in der Gruppe konnte der Phönix rascher aus der Asche wieder auferstehen als alleine.

Er war eine Zeit lang noch ein Küken und sehr federlos – sammelt aber seine Bestandteile zusammen ...

Zeichne hier deine Assotiationen zu einer deiner eigenen "Widerauferstehungen"!

Die Geschichte von Mut und Übermut

Vor einiger Zeit dachte ich über ein neues Thema für einen Artikel nach – da fiel mir das Stichwort „Mut" ein. Und nicht nur dieses, nein, es gab gleich ein paar emotionale Reaktionen auf dieses Wort und sein Partnerwort, den „Übermut". Heute wird damit aufgeräumt – krempeln wir uns die Ärmel auf. Schön ordentlich gehen wir einmal der genauen Definition auf den Grund, denn dabei können wir schon eine Menge entdecken, das uns weiterbringt.

Mut ist per Definition eine Kraft, die uns anleitet, sich in neue, herausfordernde und eventuell auch mit unbekannten Gefahren verbundene Situationen zu begeben, um diese zu meistern.

Damit lehnen wir uns sehr weit aus unserer Komfortzone hinaus, für unsere – leider noch in der Steinzeit angesiedelten – Hirnstämme bedeutet das absolute Lebensgefahr. – Hinaus zu gehen aus der Höhle, weg vom Stamm, der Sicherheit gibt, ist ungesund. Ja nun, wir leben nicht mehr in der Steinzeit und nicht alle Herausforderungen sind Kämpfe mit Höhlenbären.

In der Traditionellen Chinesischen Medizin, die ich als Ernährungsberaterin viele Jahre praktizierte, wird Mut als die Kraft angesehen, die die *Energie des Anfangs* kontrolliert und von der Gallenblase gespeist wird. Hier wird sie auch als Tapferkeit beschrieben. Ist die Energie der Gallenblase schwach, kann es leicht passieren, dass Menschen mitunter mitten in ihrer begonnenen Herausforderung wieder „umfallen" – ihnen geht sprichwörtlich der „Saft" aus. Keine Bange, hier kannst du mit Energieübungen (Qi Gong, Tai Chi etc.) und der passenden Ernährung der Energie der Gallenblase wieder auf die Sprünge helfen.

Doch wie schaut es mit unseren Glaubenssätzen aus?

Meist stammt ein Glaubenssatz aus der Kindheit, und es liegt an einem geschwächten „Ich-Gefühl" – also einer schwachen **Selbstliebe**. Und dabei ist das bei jedem von uns ein bisschen anders.

- Was ist Mut für dich?
- Fühle in dich hinein und gehe der Spur nach.
- Was taucht da auf als erstes? Vielleicht Wut?

Wut ist der sogenannte Gegenspieler von Mut, der Leber zugeordnet, und soll eine Stagnation auflösen.

Wenn wir also in unserer Lebensplanung nicht voranschreiten können, uns zu oft hinten anstellen, unsere Pläne niemals verwirklichen, stagniert bald unser ganzes Leben. Das bringt uns in Wut. Denn wir wollen ja weiterschreiten.

Doch gerade wir Frauen haben lernen müssen, dass wir uns zurückzunehmen haben (Rede nicht so laut!), nicht weit ausschreiten dürfen (schmale Röcke!) und vieles mehr. Oder?

Vielleicht fühlst du also Wut. Worauf?

Vielleicht geht es dir nun wie mir:
Ich stelle fest, dass ich auf mich selber am meisten wütend bin, weil ich gewisse Dinge so lange habe schleifen lassen. So lange „ja" dazu gesagt habe. So lange mich nicht geachtet habe, nicht auf meine innere Stimme gehört habe.

„Jaja, da waren die 20 Jahre der Kindererziehung – klar, was will man da mehr – drei Kinder sind gut großgezogen worden, eines davon schon im guten Beruf, ein weiteres am Weg und das dritte braucht mich noch ein bisschen länger ... Und doch, hätte ich da nicht hie und da etwas mehr auf mich schauen sollen ...?"

Solche beschwichtigenden Gedanken helfen mir nicht weiter – hier hilft mir nur die bedingungslose Akzeptanz meiner Geschichte.

Ich sage mir: „Meine Vergangenheit kann ich nicht ändern, ich kann nur die Gegenwart und die Zukunft ändern. Und zwar indem ich die Vergangenheit als das akzeptiere, was sie ist – vergangen.

Und sie unter „etwas daraus gelernt" abspeichere."

Ich weiß, dass ich jeden Schritt meines Lebens im besten Wissen und Gewissen entschieden habe und gegangen bin. Ich weiß, dass ich nachher immer klüger bin als vorher.

Und ich verzeihe mir.

Und damit kann ich den Mut entfachen. Ich verzeihe mir, entlasse die Wut und gewinne Mut für neue Schritte.

Kannst du das auch?

Und jetzt werden wir übermütig

Über Übermut kann man lesen: „Ein Verhalten, bei dem man die Folgen seines Tuns nicht bedenkt, weil man sehr lustig ist oder keine Hemmungen hat."

Hattest du auch gleich im Ohr „Übermut tut selten gut"? (Ich schon, das sagte meine Großmutter gerne.) Immer, wenn etwas gerade besonders gut lief, der Flow da war und ich mich eins mit Allem fühlte, kam die „Watschn" (österreichisch für „Ohrfeige") – in Form dieses Spruches.

Es ist nicht verwunderlich, dass ich mich früher laufend selber bestrafte, wenn es z.B. geschäftlich wieder mal wunderbar lief, alles im Flow war und ich eins mit Allem war. Ich bekam Migräne, musste mich ins Bett legen und durfte da so lange bleiben, bis ich einsichtig wurde und erkannte, dass ich mit Migräne ja wirklich *nicht mehr* im Flow war.

Bis ich dieses Muster erkannt hatte und meinem Ego in seiner Sprache erklärte, dass es sich selber sabotierte. Denn wenn es mich mit Migräne ins Bett legen würde, könnte ich gar nicht arbeiten und das wäre doch sehr ungünstig für unser „Überleben". Das saß und der Glaubenssatz war weg, die Migräne auch.

Die Bedeutung des Wortes „Übermut" stammt aus einer alten Zeit, wo es noch als vermessen galt, wenn ein Mensch „auf seine eigenen Kräfte vertraute" (nach Kirchner, philosophisch).

Ein Stückchen über dem Übermut liegt nur mehr die Tollkühnheit, die ja bekanntlich von den Göttern bestraft wird (griechische Mythologie).
Und jetzt frage ich dich: Wollen wir tatsächlich diese *mythologische (und daher sehr alte)* Bedeutung eines Wortes in diesem Jahrhundert/ Jahrtausend gelten lassen?

Oder können wir es (vermessen, *hihi*) wagen, dem Wort eine neue Bedeutung beizumessen?

Mir gefällt viel besser: Über-Mut ist die Kraft, die Außergewöhnliches schafft.

Was meinst du dazu?

Beachte auch bitte die Schreibweise, die ich wähle. Über-Gewöhnliches also. Etwas mehr, als es die große Masse schafft. Etwas Herausragendes also.

Und wer sind denn die, die in unserer Gesellschaft übermäßig Großes schaffen? Die ErfinderInnen, die InnovatorInnen.

Und da kommt schon die nächste Welle – Angst. Ein ungutes Gefühl.

Woher die Angst? Die vor der Strafe der Götter?

Vielleicht kommt sie ja tatsächlich von daher – überliefert seit Generationen. Wie gehen wir Menschen denn mit unseren Erfindern und Innovatoren (auch denen in unserer Familie oder Bekanntschaft) um?

Begrüßen wir jede neue Idee des anderen gleich freudig und loben und interessieren uns wertfrei dafür? Sprechen wir Glückwünsche aus und Mut für die neue Herausforderung? Egal, ob sie in unseren Augen etwas taugt? Oder sind wir recht rasch mit abwertenden Worten bei der Hand und demontieren damit den Mut des anderen?

Hier riecht es erneut nach Ausgrenzung.

Und wie viele Erfinderinnen gibt es denn?
Die können wir sehr leicht zählen. Marion Donovan Butler, Marie Curie, Melitta Bentz ... das waren die, von denen wir es wissen. Die waren schon ganz schön übermütig, ihr Weg war nicht leicht, sie wurden ausgegrenzt und gemieden.
Andere Erfinderinnen – die wie du und ich – waren „klüger", haben schön still geschwiegen und nichts von ihren (übermütigen) Innovationen erzählt oder sie gar vermarktet. Doch waren sie befriedigt? Stolz auf ihre Erfindung? Auf ihr Leben?

Schluss damit!

Ich bin für die tollkühle Neuerschaffung des Wortes.
Ich lebe in einer neuen Zeit, wieso lasse ich mich von diesen alten Wortbedeutungen aufhalten? Fürchte ich den Zorn der Götter?

Ich höre da etwas kichern – sind das vielleicht gar die Götter? Kann es sein, dass wir uns so lange Zeit – von uns selber – haben abhalten lassen?

In der Quantenphysik besteht alles, was ist, aus demselben Teilchen. In der Bibel heißt es, wir sind geistige Abbilder Gottes. In der neuen Esoterik heißt es, dass wir alle Teile Gottes sind – er sich durch uns ausdrückt.

Wieso sollen wir also da nicht über-mütig sein?

Ich schreibe es noch einmal. Lass es dir auf der Zunge zergehen:

Über-Mut ist die Kraft, die

Außergewöhnliches schafft

Willst du – im Sinne der neuen Wortbedeutung – übermütig sein? Etwas Außergewöhnliches schaffen?

Dann fangen wir an – machen alles, was auch immer uns in den Sinn kommt. Überlegen nicht länger.

Ich finde, wenn mein Körper schon ein halbes Jahrhundert Erfahrung durchlebt hat und ich zu begreifen beginne, dass seine Haltbarkeit Grenzen hat, will ich keine Zeit mehr verlieren.

Ich springe aber nicht mehr wild auf der Lebensspielwiese herum wie ein junges Fohlen – ich nutze die Kraft meiner Erfahrungen:
- Ich notiere mir alle meine Lebenswünsche – alle, an die ich mich erinnern kann, die ich jemals hatte. Schaue sie mir an, ob sie noch stimmig sind oder ob sie sich vielleicht da und dort schon erfüllt haben.
- Ich sortiere in folgende drei Bereiche:
    a) mir *irgendwie* wichtig
    b) ganz schön, vielleicht
    c) unbedingt noch machen, habe total Lust darauf

- Und fange ich mit c) an – ja, du hast richtig gelesen. Mit c), dem Ende der Liste!.

Zuerst der Spaß

und dann die Arbeit.

Auch hier habe ich eine neue Lebensmaxime geschaffen. Doch das ist eine andere Geschichte.

Die letzte gute Nachricht

Mut können wir trainieren. Mit täglichen kleinen Mutproben. Daher habe ich dir eine Sammlung von „99 kleinen Mutproben" geschrieben. Probiere gleich einmal eine aus!

99 Mutproben

Stärke deinen „Mutmuskel"

Ein Gedanke um den „Mutmuskel" ist, dass Mut in der TCM der Gallenblase zugeordnet wird. Damit wird es möglich, Mut zu trainieren.

Mut und die Gallenblase

Die TCM hat mir seit 2003 immer wieder Unterstützung geboten, auch wenn es um „nicht diätetische" Dinge ging. Immerhin entstand diese sehr philosophische Medizin vor über 4000 Jahren aus Naturbeobachtungen. Wenn man bedenkt, dass die alten Chinesen damals noch nicht *in* den Körper schauen konnten, haben sie mit ihren Beobachtungen sehr oft den Nagel auf den Kopf getroffen.

Zurück zum Mut. Beobachten wir einmal seine Energie.

Mut ist eine sehr rasche Energie, was meinst du? Und sie hält nicht lange vor.

Was schließen wir daraus?

- Wir stehen an einer Stelle, wo wir nicht mehr weiterkommen.
- Wir ruhen uns aus.
- Und plötzlich starten wir den Motor und los geht es.
- Mut brauchen wir für einen kurzen Zeitraum – um etwas zu beginnen, um den Motor der Veränderung zu starten.

„Mut ist der Startknopf von Veränderungen."

Schauen wir in die Natur – wo benötigen wir denn einen Starter, damit sich das Jahresrad wieder zu drehen anfängt?
Im Frühling. Da wird nahezu alles über Nacht grün. Und Grün ist auch die Farbe der Gallenblase.
Spannungsgeladen, aktiv, voller Energien und Durchhaltevermögen – so ist der Frühling.

So ist es, wenn man etwas Neues beginnt. Oder?
So einfach haben die Chinesen gedacht.
Die Gallenblase kann viel Energie haben oder wenig. Hat sie zu wenig Energie, fällt der Mut in sich zusammen, kaum hat man nur an Veränderung gedacht. Hat sie viel Energie – gilt man als furchtlos und mutig.

Erkennst du also, dass du eher zu wenig Energie in der Gallenblase hast, kannst du mehr Energie dorthin bringen. Und sie stärken.

Wie geht das?

Du kannst deine Gallenblase und damit deinen „Mutmuskel" stärken über:
1. Deine Ernährung
2. Körperübungen
3. Visualisierungen
4. Änderung deiner Lebensführung
5. Fragen an dich selber
6. 99 Mutproben

1. Deine Ernährung:

In der TCM gibt es nahezu keine „allgemeingültige" Ernährung für alle Menschen. Es wird immer individuell nach dem persönlichen Energiestatus gegessen. Hier genau darüber zu schreiben, würde den Rahmen dieses Buches sprengen (lies bitte dazu mein TCM-Buch, siehe **Buchtipps**), aber die Gründe für zu wenige Energie in der Gallenblase sind grundsätzliche die folgenden:

Übermäßiger Verzehr von fetten und „heißen" Speisen:

- Lamm- und Rindfleisch
- Curry und andere scharfe Gewürze
- Alkohol
- Frittierte Speisen

Ein Mangel von folgenden Speisen:

- Getreide
- Gemüse
- Obst
- Nüsse, Samen

- Hülsenfrüchte
- Fleisch (besonders in Phasen, wo das Leber-Blut besonders beansprucht wird: Einsetzen der Regelblutung, Schwangerschaft und Geburt) bzw. Eiweiß

2. Körperübung und Visualisierung

Folgende Gallenblasen-Atmung unterstützt mich, wenn ich gestresst, nervös oder angespannt bin. Du kannst sie auch vor der Menstruation einsetzen, wenn du gereizt bist. Oder aber bei Kopfschmerzen, die oberhalb der Ohren beginnen.

Die Gallenblase arbeitet nach UNTEN und ihre Element-Farbe ist GRÜN.

Der Meridian verläuft von der Schläfe beginnend an deinen Flanken hinunter bis zur vierten Zehe. Diese Übung unterstütze ich noch mit einer dehnenden Körperhaltung, wo ich genau die Flanke einmal links, einmal rechts bewusst dehne, damit der Atem da auch gut „durch kann".

Stelle dich entspannt hin, atme ruhig und möglichst tief in den Bauch ein und horche auf deinen Atem. Wenn du ihn gut wahrnimmst, visualisiere ein GRÜNES Licht, das dich umhüllt.
Nun strecke einen Arm in die Höhe bis ganz weit oberhalb deines Kopfes.

Nun ziehe ihn vorsichtig und mit Genuss in Richtung zu deinem Ohr. Dabei legst du den Kopf leicht schief und beugst deinen Körper langsam seitwärts. So bekommst du Spannung in deine Flanke.

Nun atmest du das Grün (es kann jedes Mal ein anders Grün sein, das stellt sich automatisch ein) durch die Nase bei jedem Atemzug langsam ein und stößt die Luft wieder aus dem Mund aus dir heraus. Beim Ausatmen oder „Hinunterstoßen" stellst du dir vor, es strömt an deiner Körperflanke entlang des Gallenblasenmeridians hinunter bis zu der vierten Zehe.

Das wiederholst du an jeder Körperseite, mindestens 5 Mal oder mehr, wenn du Lust hast.

3. Visualisierung

Gehe an einen ruhigen Ort, schließe die Augen und entspanne dich über tiefe Atemzüge. Nun stelle dir vor und fühle:

- Du bist ein Baum und es ist Frühling. Deine Zweige und Äste breiten sich weit aus, du streckst dich und breitest dich überall hin aus. Fühle in deine Äste und Triebe.
- Wo möchten sie wachsen? Wo stoßen sie eventuell an ein Hindernis?
- Konzentriere dich auf Wachstum – stelle dir vor, du spürst Wachstum in deinen Armen, deinen Fingern bis hin in die Fingerspitzen – spüre wie sich das Neue in dir bereit macht. Spüre, wie deine neuen Triebe zu wachsen beginnen.
- Frage dich zum Abschluss: Was brauchst du, um gut wachsen zu können?

4. Änderung der Lebensführung

Die Kräfte der Gallenblase können stark gestört werden, wenn wir uns in unserem Lebensraum nicht genügend ausbreiten können, wenn keine Zeit und kein Raum für unsere Ideen und Visionen da sind. Oder wenn uns Entscheidungen ständig aus der Hand genommen werden.

Zusätzlich achte darauf, dass du zur Gallenblasenzeit (23 Uhr – 1 Uhr früh) schon schläfst. Wenn das nicht geht, weil du in der Nacht arbeitest, nutze die Kraft der energetischen Partnerin der Gallenblase, der Leber. Durch den Kreislauf der Elemente kommt die Energie letztendlich auch in der Gallenblase an. (Mehr dazu in meinem **TCM-Buch**.) Ruhe dich also in der leberschwachen Zeit (13 – 15 Uhr) auf der rechten Seite liegend aus (zumindest am Wochenende und im Urlaub). Und wenn es nur 20 Minuten täglich sind!

5. Stelle Fragen an dich und mach eine Schreibübung

- Ist in meinem Leben Raum, um Ideen und Projekte umzusetzen?
- Habe ich genügend Zeit dazu?

Eine kurze Anleitung zur „**meditativen Schreibübung**" findest du im Anhang.

6. Mutproben

Und jetzt habe ich noch ein weiteres Hilfsmittel für dich – die 99 Mutproben.

Machst du jeden Tag eine Mutprobe, gehst jeden Tag einmal über deine Komfortzone, gewöhnt sich dein innerer Wächter daran, dass selbst bei Überschreitung der Komfortzone nicht viel passiert. Dass du immer noch am Leben bist.

Und du bekommst Referenzen für dich selber. Du kannst sagen: „Schau, ich habe schon das und das geschafft, da ist das Kommende doch nur ein weiterer Meilenstein auf meinem Weg!"

Für dich haben ich unterschiedliche Menschen zu ihrer persönlichen Mutprobe befragt. Manche Aufgaben werden dir gar nicht wie Mutproben vorkommen, andere sind vielleicht so arg für dich, dass du nicht im Traum daran denken kannst, sie zu tun.

Ich will mich da nicht ausnehmen – wie gesagt, diese Mutproben habe ich von unterschiedlichen Menschen, Frauen und Männern aus mehreren Altersgruppen gesammelt. Damit es eine schöne Mischung gibt.

Und los geht es!

1. Iss den Teller nicht leer
2. Schreie ganz laut aus dem Fenster
3. Gehe am Wasser spazieren und singe laut ein Lied
4. Lächle jeden an, den du triffst
5. Gehe aufs Klo ohne die Türe zu schließen
6. Gehe im Winter barfuß im Schnee
7. Frag einen fremden Menschen um einen Euro
8. Tanze im Regen
9. Lasse heute dein Handy zu Hause
10. Verbringe einen Tag ohne Internet
11. Gehe und raschle mit den Füßen im Laub
12. Gehe im Sommer ohne Unterhose unter dem Rock
13. Gehe ohne Stadtplan und Navi in einer fremden Stadt spazieren
14. Kaufe heute aus dem Kühlregal ein dir unbekanntes Lebensmittel und koste es zu Hause
15. Gehe zu einem neuen Friseur
16. Schaukle im Park auf der Schaukel
17. Beginne in der U-Bahn ein Gespräch mit einem Fremden
18. Bestelle in einem indischen Restaurant ein echt scharfes Essen und iss es
19. Iss eine Mahlzeit mit den Händen
20. Wühle ohne Handschuhe im Schlamm
21. Mache einen Feuerlauf mit

22. Schlage (als Rechtshänderin) mit der linken oder (als Linkshänderin) mit der rechten Hand einen Nagel ein
23. Reise mit dem Auto von Hamburg nach Athen
24. Überwinde heute eine klitzekleine Angst von dir
25. Gehe heute einen anderen Weg nach Hause als du gewöhnt bist
26. Gehe heute zu einem anderen Supermarkt einkaufen als sonst
27. Kaufe Kirschen und gehe damit in der Natur Kerne spucken
28. Fahre mit den Fingern in die Marmelade und schlecke sie ab
29. Iss Reis mit den Händen
30. Iss im Winter ein Eis
31. Mach spontan etwas, was du sonst nie tun würdest
32. Iss Quargel (stinkender Käse) mit Schokolade
33. Spucke in der Stadt auf den Boden
34. Gehe in die Buchhandlung, nimm dir spontan ein Buch aus dem Regal, kaufe und lies es
35. Schaue dir 14 Tage lang keine Nachrichten an
36. Mache eine Nachtwanderung
37. Gehe mit Jeans ins Theater
38. Iss ein Gänseblümchen
39. Gehe bewusst über eine deiner Blockaden
40. Gehe in die Arbeit ohne BH
41. Sage deinem Partner heute ein liebevolles, bestimmtes Nein bei etwas, wo du sonst immer Ja sagst
42. Fahre alleine auf Urlaub
43. Setze deinen PC auf Windows 10 auf
44. Gehe ohne Licht in den Keller
45. Beginne ein Gespräch mit einem Flüchtling
46. Übernachte am Hauptbahnhof
47. Setz dich in eine Fußgängerzone und halte den Menschen deine geöffnete Hand hin
48. Spiele ein Instrument neben einer Kirche und stelle einen Hut vor dir auf
49. Spiele in einer Fußgängerzone „Statue" auf einem Sockel für mindestens eine Stunde ohne zu lachen und zu zwinkern
50. Kündige Job und Wohnung und lebe ein Jahr auf der Straße
51. Lösche eine Kerze mit den Fingern
52. Mache einen Schneeengel im Bikini
53. Fahre mit dem Fahrstuhl und drücke die Stopptaste
54. Buche per Internet einen Flug
55. Setz dich im Ski-Anzug im Juli auf einen Badestrand
56. Fahre in Unterwäsche U-Bahn
57. Gehe im Bikini auf einen FKK-Strand
58. Gehe baden in einem FKK-Bereich

59. Steige auf einen hohen Berg und jodele mindestens 5 Minuten, was das Zeug hält
60. Mach bei einem Tantra-Seminar mit
61. Verbringe einen Tag in einem Rollstuhl und bitte einen lieben Menschen, dich zu versorgen
62. Gehe ohne Geld auf eine Reise
63. Gehe den großen Jakobsweg
64. Iss Beef Tartare
65. Drehe ein Video von dir selber und stelle es online
66. Gehe heute ohne deine Brille
67. Schreib ein Buch
68. Frage einen fremden Menschen nach dem Weg
69. Frage einen Menschen anderer Kultur nach der Uhrzeit
70. Gehe in ein Restaurant und frage nach der Toilette
71. Gehe in ein Kaffeehaus und bitte um ein Glas Wasser
72. Leiste an einem Tag drei hilfsbereite Dinge in einem Seniorenheim
73. Schlichte einen verbalen Streit auf der Straße
74. Lache mitten auf der Straße laut und herzlich
75. Wenn du ein Auto siehst, das ein defektes Scheinwerferlicht hat, halte es an und sage es dem Fahrer
76. Steige auf einen hohen Turm und schaue hinunter
77. Lade einen fremden Mensch von der Straße auf einen Kaffee ein
78. Fahre mit einem Einrad
79. Gehe eislaufen
80. Gehe mit einem gelben, orangen oder roten Wintermantel durch den Winter
81. Spiele öffentlich mit Flaschenkronen auf einem Platz und animiere fremde Menschen dazu, mitzuspielen
82. Singe in der Kirche lauter als alle anderen die Lieder mit
83. Gehe auf ein Kostümfest ohne Verkleidung
84. Lies ein Märchen auf dein Handy und veröffentliche es
85. Lies in der U-Bahn „Shades of Grey" und verstecke das Cover nicht
86. Schreibe einen Artikel
87. Veröffentliche dein Buch
88. Stelle dein Buch auf Facebook vor
89. Rufe in einem fremden Land an und bestelle ein Zimmer
90. Mache eine Probefahrt mit einem viel größeren Auto, als du es gewöhnt bist
91. Gehe ungeschminkt ins Büro
92. Kaufe Dessous und trage sie
93. Gehe ohne Krawatte und Halstuch ins Büro
94. Kaufe dir ein T-Shirt in einer Farbe, die du sonst nicht kaufst, und trage es

95. Lies im Konzert ein Buch während der Vorstellung
96. Setze dich bei einem Seminar oder Vortrag in die erste Reihe
97. Mache dich selbstständig
98. Arbeite eine Woche als Raumpflegerin
99. Gehe mit starkem Husten ins Theater

Und hier ist Platz für deine Favoriten oder eigenen Mutproben:

....

....

....

....

....

....

....

....

....

....

....

....

....

....

6 Wege aus deiner emotionalen Verstrickung

Der Frühling naht und damit werden unsere Herzen flügge. Wer es noch nicht ist, dem kann es bald passieren – wir verlieben uns.

Das bringt mich auf die Idee, über Partnerschaft und die Programme nachzudenken, die wir diesbezüglich aus unserer Kindheit mitgebracht haben. Und mich über einen Beitrag zu wagen.

Wenn es um Partnerschaft geht, das gestehe ich dir gleich, bin ich nicht diejenige, die viel vorzuweisen hat. Ich habe eine 25 Jahre lange abenteuerliche Reise mit einem Mann aus einem anderen Kulturkreis hinter mir.

Hatten wir vor 25 Jahren noch relativ harmonische (weil ich eher harmoniesüchtig war, verbog ich mich jahrelang, der Harmonie wegen) Werte, drifteten sie im Laufe der Zeit unaufhaltsam auseinander.

Ich muss gestehen, ich bin diejenige, die sich durch ständige Weiterentwicklung von ihren damaligen Werten um 100 % entfernt hat. Nicht leicht, da mitzukommen.

Doch all die Jahre verband und verbindet uns immer noch eine tiefe Liebe, ich denke, die gibt es schon länger als dieses Leben. Und genau diese Liebe macht klares Denken schwer.

Wir haben auch drei Kinder miteinander. Und jeder von uns schleppt sein Kindheits-„Päckchen" als Muster mit sich. Diese Muster, die sich so wunderbar harmonisch mit den Mustern des Anderen ergänzen. Seine fügen sich nahtlos zu meinen und so können wir uns gegenseitig unsere Dramen spiegeln, dass es eine Freude ist. Verstrickung pur.

So lange, bis einer sich aus der Verstrickung befreit.

Wenn du beginnst, dich aus deinen Mustern zu befreien, beginnt das System irgendwie unrund zu laufen. Das ist wie Sand im Getriebe. Gestern noch das harmonische „sich gegenseitig seine Verletzungen spiegeln" – wird heute unterbrochen von der Erkenntnis, dass die Dramen ja gar nicht mehr notwendig sind. So lösen wir die Verstrickung. Die Chance für deinen Partner, auch seine Muster unter die Lupe zu nehmen. Sie aufzulösen. So ist Entwicklung in der Partnerschaft möglich.

In all dem Jammer über viele Jahre kam für mich nach 20 Jahren plötzlich die Erkenntnis – und damit die emotionale Ruhe –, dass ich für den Vater meiner Kinder immer einen Platz in meinem Herzen in tiefer Liebe haben werde, ein Zusammenleben mit ihm aber für mich nicht mehr tragbar ist. Zu weit gehen unsere Werte und Weltbilder auseinander.

Ich fühlte es plötzlich (erkannt hatte ich es schon vor einiger Zeit):

Ich bin nicht verantwortlich für seine Befindlichkeit.

Und ich kann seine Forderungen jetzt nehmen als das, was sie sind: Bedürfnisse, die er ausdrückt, die ich aber nicht gezwungen bin zu erfüllen. Ich kann wählen. Der „Zwang" ist weg. Natürlich war da vorher auch kein „Zwang" außer dem, den ich mir durch mein „Päckchen" selber auferlegt hatte. Punktgenau ausgedrückt: Ich habe mir meine Verstrickung selber auferlegt.

Kindheitspäckchen der Verstrickung

Ich hatte mir dieses (und viele weitere dieser Art) Verantwortungs-Päckchen immer nur auf den Rücken gebunden, da ich es aus meiner Kindheit gewöhnt war. Ich „erkannte" damals, als ich zwischen 2 und 5 Jahre alt war, dass ich verantwortlich war für das Wohlergehen meiner Familie. Und ich übernahm die Verantwortung für meinen Bruder, der 5 Jahre jünger war. Ungefragt selbstverständlich.

Kinder überlegen solche Dinge nicht rational, Kinder schauen einfach, wie sie am besten überleben können. Wenn die Mutter oder der Vater emotional nicht verfügbar sind (weil sie ihrerseits wiederum ein „Päckchen" aus ihrer Kindheit zu tragen haben), übernehmen viele Kinder die Verantwortung, andere geben sie komplett ab (die „Träumerle", die nur körperlich da sind, geistig aber irgendwo „anders" schweben) und laden die Steine komplett ab.

(Und damit entsteht jeweils auch das passende Muster dazu, die einen nehmen immer die schweren Steine auf und tragen sie, die anderen „verdünnisieren sich" immer, wenn es schwierig wird, und laden die Steine komplett ab. Ideal, wenn sich zwei solche Menschen finden. Die können gemeinsam lernen, sich die Steine zu teilen, oder manche Steine nimmt der eine, andere der andere... oder noch 1001 Möglichkeiten. Aber nur, wenn sie es erkennen!)

Ich erinnere mich, meine Mutter hatte sehr oft Kopfweh, ich hörte oft: „Ich kann nicht mit dir spielen, ich habe Kopfweh." Ich hatte als Kind einfach große Angst und machte daher meiner Mutter das Leben leichter. Ich entlastete sie, indem ich die Last auf mich nahm.

Ich erinnere mich, ich kochte einmal Eiernockerl und musste auf ein Stockerl steigen, um in den Topf zu schauen. Oft und oft ging ich einkaufen und meinen Bruder habe ich jeden Tag gewickelt und angezogen in der Früh.

Meine Eltern fanden es witzig, wie ich immer wieder beteuerte: „Eva lalleine (alleine)." – Wie ich das gemeint hatte, kann heute niemand mehr sagen. Vielleicht hatte ich ihnen nur versichert, dass ich es eh alleine könnte und ich sie nicht belasten wollte.

Kommt dir davon irgendetwas bekannt vor?

Um zu erkennen, dass du ein Muster hast, z.B. dir immer alles aufzubinden, was gar nicht dir gehört – suchst du dir im Leben wieder und wieder ähnliche Gegebenheiten. Du durchlebst das Muster deiner Kindheit (dieses oder ein ähnliches) stetig aufs Neue. In unterschiedlichen Facetten vielleicht, aber im Grunde ist es immer dasselbe. So lange, bis du es erkannt hast und nicht mehr auf die bekannte Weise reagierst. Mit dem Erkennen beginnt eigentlich schon der Weg der Veränderung. Danach sucht man meist noch eine Weile herum, bis man einen besseren Weg gefunden hat.

Wenn du ein Muster, das „reif" ist, aufgelöst zu werden, lange Zeit nicht erkennst, spitzt sich die Gelegenheit zu. Und du bekommst es „kalt und warm" von allen Seiten.

Die Gegebenheit spitzt sich zu – Zeit die Verstrickung zu erkennen

Es war vor acht Jahren zu Silvester. Der Vater meiner Kinder war gerade nach siebenmonatiger Abwesenheit aus Griechenland für ein paar Monate nach Wien gekommen. Wir wollten den Abend gemütlich verbringen. Ich legte unsere damals einjährige Tochter um 8 Uhr ins Bett, wir saßen zusammen, tranken Sekt und kuschelten. Irgendwann gegen 11 Uhr wurde die Kleine unruhig, das Babyfon schlug an und ich ging ins Schlafzimmer.

Das hatte ich immer schon so gemacht, auch bei den andern beiden Kindern. Es war etwas, was er kannte.

Die Kleine war wach, saugte ein bisschen an meiner Brust zur Beruhigung und schlief nur langsam wieder ein. Das dauerte leider länger, genau weil ich schon wieder weg wollte – zu ihm, um den Abend weiter zu genießen. Diese Unruhe in mir spürte sie. Erst als ich tiefer atmete, weil ich erkannte, dass ich sie mit meiner Unruhe wach hielt, schlief sie nach einiger Zeit dann doch ein.

Als ich wieder nach unten kam, war er weg.

Das Drama aus der Kindheit erneut erleben

Ich suchte im ganzen Haus, schließlich rief ich ihn am Handy an – er war schon in der U-Bahn und wollte in die Stadt. Ich war fassungslos. Sprachlos. Enttäuscht. Wütend. Traurig. Auf ihn, auf mich und auf unser Kind. Und wiederum auf mich.

Wut kam hoch: Nicht nur, dass ich das ganze Jahr unsere drei Kinder alleine versorgte und er sich derweilen in dem Hotel, wo er arbeitete, (ohne Kinder) monatelang „vergnügte" (6 Stunden arbeiten, 6 Stunden am Strand liegen), brachte er nicht die Geduld auf, eine halbe Stunde zu warten, bis sein Kind wieder eingeschlafen war.

Doch genau hier – das sehe ich heute – spiegelten wir einander die alten Kindheitsverletzungen. Ich übernahm die Verantwortung für sein Wohlbefinden (hatte ein schlechtes Gewissen, dass er sich nicht wohlgefühlt hatte und weggefahren war) – getreu meinem Päckchen – und hatte das Gefühl, es nicht gut genug gemacht zu haben. Und ich hatte die Verantwortung für das Wohlergehen meines Kindes. Und obwohl ich mit dem Kopf sehr wohl wusste, dass die Befindlichkeit meines Babys vorging, hatte ich dennoch ein schlechtes Gewissen.
Das war mein Spagat zwischen zwei Stühlen.

Emotional zerrissen zwischen meinem Kind und

seinem Vater.

So wie ich als Kind zerrissen war zwischen meinem

Wohlbefinden und dem der Eltern.

(Die Verantwortung für die Befindlichkeit deines Kindes kannst du im Laufe der ersten sechs Jahre langsam an dein Kind abgeben. Kleinere Alltagsdinge, wie Langeweile, Müdigkeit oder Eifersucht, kann es bald völlig alleine übernehmen und bei den größeren Dingen stehen wir ja sowieso ein Leben lang bereit.

Das geht natürlich nicht von heute auf morgen, denn Selbstständigkeit wächst langsam. Doch gerade hier können wir ebenso in die „Falle" tappen und uns länger und mehr an Verantwortung auf den Rücken binden als notwendig ist. Wenn sie einmal Teenager, älter oder überhaupt schon ausgezogen sind, können sie die Verantwortung für ihre (saubere) Kleidung, ihr Essen, ihr Zimmer oder dafür, rechtzeitig in die Schule oder Arbeit zu kommen, etc. ohne seelischen Schaden selber übernehmen ... und das gilt natürlich auch für Partner. *gg*)

Er wiederum erlebte einmal mehr die Verletzung, die er empfunden hatte, als seine Schwester auf die Welt kam und er die Mutter „an sie" verlor, weil sie nun die Kleine versorgen und stillen musste.

Ist das Leben nicht prima? So genau, wie wir uns diese Situationen wieder ins Leben rufen, um zu lernen, das ist ja nahezu unheimlich.

Was kannst du daraus lernen? Hier die 6 Wege aus deiner Verstrickung:

1. Halte in deinem Leben Ausschau nach **Gepäckstücken**, die **du trägst**, die **dir** aber gar **nicht (mehr) gehören**.
2. Schau, was du allen Beteiligten sofort **zurückgeben** kannst und was du innerhalb der nächsten Zeit abgeben kannst.
3. Erkenne, welche Ressourcen du dafür für dein Leben **freispielst**. Im Grunde hat auch das etwas mit **Loslassen** zu tun. Das motiviert dich.
4. Mach dich frei von deinen **Schuldgefühlen**. Lerne zu fühlen, was dein Kopf schon lange weiß.
5. Und überlege dir, wie genau du vorgehen willst, wenn du die Päckchen zurückgeben wirst. Natürlich möchten nicht alle ihr Päckchen freiwillig selber tragen, wenn es bisher so bequem von dir getragen wurde. (Oft erkennen es die Menschen gar nicht, dass du eigentlich ihr Päckchen trägst, ihre Aufgabe machst!) Ein **ruhiges klärendes Gespräch** hilft aber immer.
6. **Zeige deine Gefühle**, sage beispielsweise, dass du erkannt hast, dass du da etwas trägst, das dir nicht gehört. Und damit belastet bist. Dir kommt tatsächlich Lebenskraft abhanden. Sie mögen dir bitte unbedingt **ihre eigenen Verantwortungsbereiche abnehmen**. Und dann lass es auch zu, dass sie den Bereich ihres

Lebens übernehmen! Sie werden es sicher nicht so und so rasch erledigen wie du, aber das ist nicht mehr dein Verantwortungsbereich!
7. Wenn du ein ähnliches Muster in deiner Kindheit erlebt hast, kannst du deinen Eltern die Verantwortung wieder zurückgeben – allerdings **nicht** persönlich und real, sondern **in einem inneren Gespräch**. Du kannst auch einen Brief schreiben und die Verantwortung liebevoll zurückgeben. Den Brief verbrenne oder vernichte, schicke ihn niemals ab! **Diese Arbeit ist für dich**, es ist nicht notwendig, dass du deine Eltern tatsächlich besuchst oder gar anrufst und sie damit belastest. Sie haben wahrscheinlich gar nicht dein Bild der Situation erlebt, sondern wundern sich nur darüber, dass du das so und so empfunden haben willst. Es ist ja auch tatsächlich so – all das lief subjektiv ab – alle Beteiligten haben andere Erinnerungen. **Und Eltern – so wie wir jetzt als Eltern – tun immer das Beste, das sie vermögen.**

P.S.: Möchtest du wissen, wie die Geschichte ausging? Er kam wieder zurück und wir haben über die Sache gesprochen – **er hatte nicht mitbekommen**, dass das Babyfon anschlug, aus seiner Perspektive war ich aus dem Zimmer gegangen und einfach nicht wiedergekommen. Das nenne ich mal Verstrickung.

Und noch eine Übung:

Perspektivenwechsel:

Nimm dir dein Schreibbuch und schreibe die Situation, die du gerade „nicht verstehst" oder die dich emotional lähmt, oben auf die Seite.

Danach schreibe dir mindestens fünf alternative Sichtweisen deines Problems oder deiner Verstrickung auf. Die müssen nicht unbedingt im Bereich des Möglichen liegen, es genügt, wenn du möglichst viele Alternativen zu deinen eigenen Gedanken notierst und in den Schreibfluss kommst. So trainierst du dein Gehirn, auch mal andere Wege zu g(s)ehen.

In meinem Beispiel also könnten die Möglichkeiten sein:
- Er ging weg, weil er Zahnschmerzen hatte und zum Zahnarzt musste.
- Er ging weg, weil er verletzt war, dass ich einfach nicht wiedergekommen war.

- Er ging weg, weil er dachte, dass ich so müde war, dass ich eingeschlafen war, und wollte mich nicht wecken, aber dennoch Silvester nicht alleine verbringen.
- Er ging weg, um frische Brötchen oder Sekt zu holen, weil unsere Flasche schon leer war.
- Er ging weg, weil er dachte, ich hätte schon „Gute Nacht" gesagt.

Platz für deine persönlichen Perspektivenwechsel

……………………………………………………………………………………………

……………………………………………………………………………………………

……………………………………………………………………………………………

……………………………………………………………………………………………

……………………………………………………………………………………………

……………………………………………………………………………………………

……………………………………………………………………………………………

……………………………………………………………………………………………

……………………………………………………………………………………………

……………………………………………………………………………………………

……………………………………………………………………………………………

……………………………………………………………………………………………

……………………………………………………………………………………………

……………………………………………………………………………………………

……………………………………………………………………………………………

Grenzen setzen und „Nein" sagen

Als ich um die zwanzig Jahre alt war, sagte ich immer wieder einmal eine Verabredung zu, ohne sie eigentlich tatsächlich zu wollen.

Ich wollte die Person, die mich eingeladen hatte, einfach nicht enttäuschen. Daher sagte ich zu. Immer.

Ich konnte einfach keine Grenzen setzen.

Wie geht es dir damit?
- Sagst du auch öfter mal „ja", obwohl alles in dir „nein" schreit?
- Gibst du bereitwillig auch noch dein letztes Hemd ohne nennenswerte Gegenleistung?
- Gibst du, ohne darum gebeten zu werden, mehr als notwendig?
- Entschuldigst dich öfter als üblich?
- Tust dir generell mit Entscheidungen schwer?
- Und das ganze nervt dich auch schon?

Dann ist es an der Zeit, dass du jetzt den Kurs änderst.

Kurswechsel vornehmen

Als der Termin nahte, versuchte ich Ausflüchte zu finden, warum ich doch nicht gehen konnte. Statt dass ich dem Menschen zumindest am selben Tag einfach absagte, weil ich doch keine Lust hatte (was zumindest ehrlich gewesen wäre), versuchte ich es mit einer fadenscheinigen Ausrede. Ehe ich endlich anrief und absagte (oder mich gar von einer Krankheit „erlösen" ließ), hatte ich einen ganzen Tag ein schlechtes Gewissen ob der Lüge.

- Das nervte mich sehr.
- Ich schwor mir, das abzustellen.
- Und ich setzte mir ein Ultimatum.
- Wenn ich zugesagt hatte, musste ich auch gehen. Punkt.
- „Oder aber", machte ich mit mir aus, „ich fühle in mich hinein, ehe ich zusage, und kann so gleich absagen. Oder mit ganzem Herzen zusagen."

1. Schritt

Dazu musste ich aber üben, klar zu spüren, was ich wollte.
Das war nicht so einfach, denn meine Bedürfnisse waren unter einem Berg von „Das tut man so's" und „Müssen's" vergraben.
Gleichzeitig erkannte ich, dass ich mich mit meinen Ängsten auseinanderzusetzen hatte. Damals haben mir die Bücher von Ella Kensington sehr geholfen, ich glaube, im „Glückstrainer" war die Übung, wo jede einzelne Angst auf ein und dieselbe Urangst zurückzuführen war.

Nämlich die, alleine und ungeliebt zu sein.

Die eine Ursache liegt in unseren Stammgehirnen, die noch immer steinzeitlich ticken. Der Kreis unseres Stammes war klein, wollten wir überleben, mussten wir uns anpassen. Heute ist aber die mögliche Gruppe so groß, über das Internet ist sie sogar so groß wie die ganze Welt.

Was wir erkennen und in unsere Gefühlswelt integrieren dürfen:

Ich muss mich also nicht mit einer Gruppe

auseinandersetzen und mich verbiegen nach deren

Gruppenregeln,

wenn ich doch zwei Häuser weiter eine Gruppe habe,

die genau zu mir passt.

Die zweite Ursache – und die basiert auf der ersten – liegt wieder in unserer Kindheit. Kinder passen ihre Bedürfnisse an das Umfeld an, damit sie die elterliche Liebe und den Schutz nicht verlieren.
Das ist völlig normal, sobald wir aber erwachsen und nicht mehr von dieser „Gruppe" abhängig sind, müssen wir die Gruppenregeln auch nicht mehr befolgen.
- Wenn wir nur klar wüssten, welche die Gruppenregeln sind.
- Und welche unsere eigenen.

Das gilt es zu sortieren.
Ich begann also bei jeder Frage, die wegen eines Termins an mich gerichtet wurde, in mich zu fühlen.

Ein kurzer Moment genügt, ein Atemzug vielleicht.

Wenn ich kein eindeutig gutes Gefühl spürte, konnte ich davon ausgehen, dass die fehlende Freude eigentlich ein „Nein" bedeutete.

Ich lernte so über die Jahre, auf meine Bedürfnisse zu achten, die ich im Bauch spürte, ehe ich Terminen zu- oder absagte.

Und als ich soweit war, meine Bedürfnisse wahrzunehmen, lernte ich, sie auszusprechen. Denn das war noch einmal ein ganz anderer Schritt, der Mut bedeutete. Denn der brachte mich ganz nah zu meinen Ängsten.

- Wo lernst du am besten deine Ängste kennen?
- Wodurch erkennst du, dass auch sie vielleicht aus der Kindheit stammen?
- Wie lernst du, dass du jetzt gar keine Angst mehr zu haben brauchst?
- Weil du fühlen lernst, dass deine Gruppe mittlerweile so groß geworden ist und die ganze Welt umfasst?

Direkt bei deiner Angst.

Zeitgleich arbeitete ich am

2. Schritt

Ich lernte, meine Bedürfnisse anzunehmen und auszusprechen.
Das bedeutet nicht, dass man seine Bedürfnisse durchsetzt, komme, was wolle. Oder dass man immer bekommt, was man möchte.
Das bedeutet nur, dass man wahrnimmt, was man möchte. Und es damit besser artikulieren kann. Man kann auch besser Kompromisse annehmen, weil man ja ganz klar weiß, welches Bedürfnis man hat.

Das Bedürfnis als der eigentliche Grund hinter allen

Gründen

Wenn dieser Grund auch auf andere Art und Weise erfüllt werden kann, bin ich freier in meinen Entscheidungen.
Und wenn ich in mir selber klar bin, was ich möchte und was nicht, kann ich zu meinen Entscheidungen stehen. Will ich also nicht auf den Rummelplatz, weil es mir dort zu laut ist und mir von den ganzen Ringel-

spielen sowieso nur schlecht wird, stört es mich nicht, wenn meine Freundesgruppe alleine dorthin geht und ich mit einem guten Buch zu Hause bleibe.

Und ich kann das meinen Freunden auch klar und liebevoll sagen, so dass sie kein schlechtes Gewissen dabei haben, ohne mich zu fahren.

Um die Gefühle, die andere haben, geht es ja ebenso.

Weil uns ein „Nein" weh tut, nehmen wir an, dass es anderen ebenso geht.
Da wir anderen mit unserem „Nein" keine schlechten Gefühle machen wollen, sagen wir „ja".

Und fühlen lieber uns selber schlecht. Getreu nach dem Muster „Kind schützt seine Eltern". Lies dazu das Kapitel **„Lust und Unlust"**.

Es beginnt wieder ganz bei dir – Grenzen setzen

Wenn ich dieses „Nein" nicht sage, weil ich den anderen nicht verletzen möchte, tendiere ich dazu, meine eigenen Bedürfnisse zu negieren. Und dabei mich selber zu vergewaltigen. Ich sage das jetzt beinhart: vergewaltigen. Mir selber mit Gewalt etwas aufzwingen, was mir nicht guttut.

Und außerdem: Schon mit der bloßen Annahme, dass der andere sich schlecht fühlen könnte, wenn ich ihm „nein" sage, setze ich voraus, dass ich weiß, was er möchte. Das ist übergriffig und kann niemals funktionieren. Niemand kann wissen, was der andere *genau* möchte oder braucht, außer er kann Gedanken lesen.

Ich tue damit tatsächlich Ungeheuerliches – ich setze voraus, zu wissen, was der andere möchte, was er will und was er fühlt. Ich frage nicht einmal, was er denkt, gebe ihm keine Chance, zu erklären, was er zu dem Thema zu sagen hat – sondern setze es einfach voraus. Und er weiß überhaupt nichts von dem Drama, das sich in mir abspielt.
Und danach gebe ich ihm vielleicht auch noch die Schuld, weil ich mich schlecht fühle. Vielleicht erwarte ich sogar noch „Dank" oder eine „Entschuldigung".

Das ist der Stoff, aus dem Tragödien gemacht sind.

Wir setzen voraus, dass der andere so fühlt und denkt wie wir.

> *Setze niemals voraus, zu wissen, was der andere denken oder fühlen könnte.*

Sprich deine Bedürfnisse einfach aus

Wenn du klar geworden bist, was du möchtest und welche Bedürfnisse hinter deinem Wunsch stehen, sprich klar und liebevoll aus – und so früh wie möglich –, was du möchtest. Welche Vorschläge du hast. Was du nicht möchtest und warum nicht.

> *Der Faktor Zeit ist dabei wichtig.*

Wenn du erst einmal schlechte Gefühle in dir hast, weil du schon wieder über deine Grenzen gegangen bist und getan hast, was du eigentlich nicht tun wolltest, bekommst du dein „Nein" nicht mehr wertschätzend genug hinüber.

Mit einem halbwegs wütenden „Nein" verletzt du den anderen unter Umständen schon, aber nicht wegen deines „Neins", sondern wegen der Art, WIE du es gesagt hast.

Ganz zu Beginn meiner Selbstständigkeit sagte mir mein Mentor einmal einen Satz, der mich all die Jahre begleitet und sich immer bewahrheitet hat:

„Dem Richtigen kannst du nichts Falsches sagen, dem Falschen nicht Richtiges."

Verletzlichkeit macht stark

Deine Bedürfnisse auszusprechen, macht dich verletzlich. Du gibst sozusagen alles preis von dir. Doch genau das macht den Unterschied.

Es öffnen sich Türen.

Der Andere kann erkennen, worum es dir eigentlich geht. Er kann auf dein tatsächliches Bedürfnis eingehen.
Und ihr findet einen guten Kompromiss. Zumindest einen besseren als den, dass du dich schlecht fühlst. ;-)

Das Buch „Verletzlichkeit macht stark" von Brenè Brown (siehe **Buchtipps**) zeigt uns, dass Verletzlichkeit die Voraussetzung dafür ist, dass Liebe, Zugehörigkeit, Freude und Kreativität entstehen können.

....

....

....

....

....

....

Ich möchte so gerne geliebt werden

Jeder möchte geliebt werden. Das ist nichts Neues.
Es ist eine tiefe Sehnsucht in uns allen.
Zugehörigkeit. Geliebt sein. Wahrgenommen werden. Angenommen werden.

Aber:
Dafür geben viele von uns ihr letztes Hemd.
Sie verbiegen sich, um anderen zu gefallen.
Und das tut auf lange Sicht nicht gut.

Die Geschichte von der Liebe

Liebe kann man einteilen in Eros, Filia und Agape. Hier machen wir einen Ausflug in die Philosophie.

Bei dieser Einteilung ist Eros die erotische Liebe, die nach ein paar Monaten im besten Fall in die Filia umgewandelt wird. Aber auch die Liebe, die Kollegen oder Freunde verbindet, ist Filia.
Die höchste Liebe, die, die nichts fordert und nur liebt, bezeichnet man als Agape. Es ist eine Verbindung, die auch über den Tod hinaus bestehen kann.

Diese Agape ist auch die göttliche Liebe, die nichts fordert – leider wird dieser Aspekt von vielen Religionen verzerrt und Gott dem Menschen gleichgestellt: indem man Gott unterstellt, genauso kleinlich zu sein und für seine Liebe etwas zu erwarten, wie wir Menschen das tun.

Was erwartest du dir vom „geliebt werden"?

Als ich mich vor neun Jahren ein weiteres Mal vom Vater meiner Kinder getrennt hatte, um ihm seinen Seelenfrieden und die Möglichkeit zu geben, in seine Heimat zu fahren, um Kraft zu tanken, spürte ich den Hauch dieser Agape in meinem Herzen.

Ich nahm es auf mich, mit drei jungen Kindern alleine zu blieben, um ihm das Leben zu retten. (Er war in einer stark depressiven Phase und stark unfallgefährdet. Eine Aufstellung hatte ergeben, dass er in der Heimat Kraft

finden würde.) Mir war es lieber, dass er in der Ferne am Leben blieb, als dass er bei uns unter Umständen einen tödlichen Unfall erleiden würde.
Ich stand also alleine im Leben. Ohne Mann an meiner Seite.
In dieser Zeit fragte ich mich oft, was eine Beziehung für mich bedeutet und wozu ich eine solche eingehen möchte.

Doch alle Gründe, die mir vorrangig einfielen,

schmeckten mir nicht.

Die Frage steht auch hier im Raum:
Was erwartest du dir von Liebe?

Das ist essentiell, wenn du geliebt werden möchtest. Vielleicht hast du gerade eine Partnerschaft, vielleicht bist du überzeugter Single. Vielleicht möchtest du gerne eine Partnerschaft eingehen. Besonders wenn deine Partnerschaft nicht so ist, wie du sie dir vorstellst, oder du ständig die Partner wechselst, weil keiner so richtig „passt" – kann dir deine Antwort auf diese Frage einen guten Hinweis geben.
Auf dein Warum.

In jedem Fall ist es interessant, wenn du dich diesem Thema stellst.
Du suchst tief in dir, wozu du eine Beziehung leben möchtest oder deine Beziehung lebst. (Ich beispielsweise entdeckte nach einigem Suchen eine Sehnsucht nach einer starken Schulter neben mir.)

Der Weg zur Liebe

Ich erzähle dir einmal, wie es bei mir war – vielleicht läuft das ja bei dir ähnlich ...

Zuerst fragte ich:
Was erwarte ich von einer Beziehung?

Da fiel mir gleich einmal das Wort „Erwartung" auf, das mir nicht in den Kontext passte. Ebenso das Wort „brauche". Ich erwarte und brauche nichts, das ist für mich nicht das Ziel einer Partnerschaft.

Ich kann mich und meine Kinder ernähren, Sexualität auch grundsätzlich mit mir selber leben – also das war es nicht. Es war trotzdem eine Sehnsucht, die ich nicht definieren konnte.

Ungefähr so, wie wenn du Hunger hast und keinen Gusto auf etwas Konkretes.

Wenn ich mit einer Erwartung in eine Sache hineingehe, kann diese Erwartung leicht enttäuscht werden.

Also strich ich das Wort „erwarten" und formulierte die Frage so lange um, bis sie mir passte. Das alleine war schon ein Prozess von einigen Tagen, Wochen, Monaten und gar Jahren.

Dabei stellte ich mir häufig diese Fragen:
- Warum möchte ich eine Beziehung?
- Wozu möchte ich eine Beziehung?
- Was ist überhaupt der Sinn einer Beziehung?
- Was heißt überhaupt Beziehung?
- Be-ziehung? Be-ziehen? Ziehen? Wer zieht wen wohin?
- Wieso heißt das eigentlich Beziehung?

Die erste Erkenntnis, die ich daraus zog war:
- Ich hatte keine Ahnung, warum oder ob ich eine Beziehung haben möchte, weil ich mich selber verloren hatte.
- Ich wusste es nicht, weil ich mich selber nicht mehr kannte.
- In all den Jahren meiner Ehe hatte ich vergessen, wer ich war und was mich ausmachte.
- Also verordnete ich mir, mich zuerst selber kennen zu lernen und erst offen für eine Partnerschaft zu sein, wenn ich den Grund gefunden hatte, warum ich das wollte. Erst dann bin ich bereit für einen Menschen an meiner Seite.

Ich startete damit, mich wiederzufinden.

Das war gar nicht so einfach zu Beginn. Denn immerhin waren 25 Jahre vergangen und ich hatte mich total verändert. Und genau das machte es schwierig.

Auszusortieren, welche der Veränderungen zu mir gehörten und welche ich angenommen hatte, damit die Ehe funktionierte und die Kinder ein stabile Kindheit haben konnten.

Ich knüpfte also dort an, wo ich mich vor 25 Jahren verlassen hatte.

Und zog Faden um Faden aus dem Gewirr, schaute ihn mir an, warf weg, was mir nicht mehr passte, und legte auf die Seite, was mir gefiel.

Das war die Zeit, in der ich mich neu erfand.

Ich bog Stück für Stück gerade, was ich verbogen hatte, um zu passen. Ich warf weg, was überhaupt nicht zu mir gehörte, was ich aber trotzdem (er)trug. Ich anerkannte Dinge, die zu mir gehörten, die mir aber nicht gefielen. (Die kamen auf die To-do-Liste, sie anzuerkennen.)

Prozess um Prozess löste (und löse) Thema nach Thema auf.

Letztendlich stand ich ziemlich „nackt" da, viel unnötiger Ballast war in diesem Prozess transformiert worden. Unendlich viel Tand der letzten Jahre war abgefallen.

Nach neun Jahren war es soweit:

Ich stand wie der Phönix aus der Asche auf.
Nackt und klein, aber definitiv neugeboren und bereit für neue Abenteuer.

Ich liebe mich selber so, wie ich mich erschaffe. Ich definiere meine Lebensaufgabe: Ich bin Liebe.
Das war für mich der Schlüssel.

Die Frage „Was kann ich in eine Partnerschaft einbringen?" war geboren.

Und damit auch die Antwort: unbändige Lebenslust, Humor, Spaß, Liebe, Wertschätzung, Achtsamkeit und Spiritualität. Und ihre Gegensätze, denn wir leben in einer Welt der Dualität.

Deine neue Definition von „geliebt werden"

Und jetzt ist es an dir. Wenn du so gerne geliebt werden möchtest, führt nichts am Weg zu dir selber vorbei.

Erkenne, wer du wirklich bist.

Sortiere dein So-Sein in „gehört zu mir" (auch wenn es nicht so positiv ist, es gehört trotzdem zu dir) und „ist echt nicht meines, habe mich nur dorthin verbogen".
Liebe deine guten Seiten und liebe deine nicht so tollen Seiten noch viel mehr, auch sie machen dich aus. (Später erkennst du, dass auch diese Seiten wertvolle Vorteile mit sich bringen.)
Erschaffe dich so, dass du dich lieben kannst.

Liebe aus ganzem Herzen, wie du dich erschaffen hast.

Verändere dich nur mehr so, wie es für dich passt – und liebe auch diese Veränderungen.

Liebe dich selber.

Dieses „sich selber lieben" führt dazu, dass dich viele andere Menschen lieben werden. Du wirst schwimmen im tiefen Meer der Liebe. Ohne dich verbiegen zu müssen.
Diese Menschen fühlen sich stark von dir und deinem So-Sein angezogen. Und dabei brauchst du gar nichts zu tun.

Wenn du dich selber liebst, erlöst dich das von der Suche und dem Bedürfnis nach dem „von anderen geliebt werden".
Doch genau das wirst du dann bekommen.

Sichtbarkeit versus Aufmerksamkeit

In meinem letzten Retreat (wie du vielleicht weißt, mache ich seit November 2015 den Tantraweg mit dem Ziel der spirituellen Erleuchtung ;-) kam ich auf einen sehr wesentlichen Punkt:

Es gibt einen Unterschied: Sichtbarkeit versus Aufmerksamkeit

Mehr noch:
Aufmerksamkeit ist die Kehrseite der Sichtbarkeit.
Es kann sein, dass du sehr viel Aufmerksamkeit bekommst – in deinen unterschiedlichen Rollen, die du innehast – Lehrerin, Vorsitzende, Rockstar … Doch all diese übermäßige Aufmerksamkeit nützt dir nichts, wenn dein Selbst unsichtbar bleibt.

Aufmerksamkeit

Was ist nun Aufmerksamkeit für mich?
Das ist das, was ich für eine (oder in einer) bestimmte Rolle bekomme. Für mich ist sogar das Maß an Verantwortung, die ich in dieser Rolle habe, ein wesentlicher Ansatzpunkt für die Menge an Aufmerksamkeit, die ich erhalte. Oder, so wie ich es empfinde – der ich ausgesetzt bin.

Das würde nämlich auch erklären, warum Berühmtheiten, die ja stark im Mittelpunkt ihrer Fans stehen, über kurz oder lang unglücklich werden. Warum dieses „im Mittelpunkt stehen" auslaugt und warum viele zu Drogen greifen.

Sie alle besitzen jede Menge Aufmerksamkeit – doch was sie so dringend brauchen, was jeder Mensch braucht, das bekommen sie nicht.
Und das ist Liebe.

Sie mögen auf eine bestimmte Weise geliebt werden, doch wenn du nur für deine Rolle geliebt wirst, was empfindest du?
- Wie geht es dir damit, wenn du auf deine Rolle reduziert wirst?
- Nur für diese Rolle geliebt wirst?

- Nur in dieser Rolle deine Anerkennung bekommst?

In diesem Fall bleiben all die Aufmerksamkeit, der Rummel und der Applaus, den du vielleicht bekommst – leer und schal.

Was fehlt, ist das Angenommen-Sein – so wie du bist. Mit all deinen Schwächen und Stärken. Einfach dein So-Sein. Und dein So-Sein zeigen zu können, macht dich wahrlich sichtbar.

Sichtbarkeit

Sichtbarkeit ist für viele von uns zunächst unvorstellbar. Es bedeutet so zu sein, wie du tatsächlich tief in dir drinnen bist.

Das kann sein:
- Dass du laut rülpst, wenn dir danach ist.
- Dass du die Füße auf den Tisch legst, weil dir die Beine wehtun.
- Dass du den Kaugummi unter den Tisch klebst, um ihn nach dem Essen weiter zu kauen.
- Dass du pinkeln gehst, auf einem Feld, ohne einen einzigen Baum, und hinter dir der ganze Autobus zuschaut.
- Dass du in die gemischte Sauna gehst und deinen Bauch, deine Falten so zeigst, wie sie eben sind – und heute mal nicht den Bauch einziehst.
- Dass du dich traust, andere wirklich wahrzunehmen (ihnen in die Augen schaust).
- Dass du zu dir selber und zu deinen Bedürfnissen stehst.
- Und dass du dafür sorgst, deine Bedürfnisse umzusetzen, wenn es andere überhaupt nicht beeinträchtigt. (Meist stört es andere nämlich gar nicht, wenn wir dies oder jenes tun würden, was wir aber nicht tun, weil wir denken, es würde sie stören ...)

Und bei all dem schaust du dir zu und beobachtest deine Gefühle.

- Deine Scham
- Deine Furcht
- Deine Angst
- Deine Trauer
- Deine Verweigerung
- Deine Wut

Du beobachtest einfach ohne Wertung, was auch immer da hochkommen mag an Gedanken und Gefühlen. So lernst du viel mehr über dich selber als auf hundert Seminaren.

Du beobachtest, was in dir vorgeht. Nimmst es zur Kenntnis – und akzeptierst dich mit deiner Scham, deiner Angst und all deinen anderen Gefühlen. Und beobachtest dann einfach weiter.

Keine Schimpfer, keine Schelte, keine Scham, dass du dich schämst. Und keine neue Rolle!

So erweiterst du deine Komfortzone.

Denn – dein innerer Wächter wird erstaunt sein – du bleibst tatsächlich am Leben, wenn du wieder im Autobus sitzt, wirst du dort lebendig sitzen und nichts wird passiert sein, auch wenn alle vielleicht ein Zipfelchen von deinem nackten Hintern gesehen haben.

Und sich vielleicht gedacht haben: „Boa, die hat aber Mut, ich täte mich das nicht trauen."

Und spätestens dann bist du ein Vorbild. ;-). Wirst mit deinem Mut sichtbar und erhältst *dafür* Aufmerksamkeit. Das ist die, die dich nährt, weil sie für dich ist – für dein So-Sein. Weil du für dein So-Sein geliebt wirst.

Ausmalbild, Quelle: http://accessheartland.com

Berühren und berührt werden

Wie geht es dir mit Berührung?
Berührst du gerne?
Lässt du dich gerne berühren?
Schaust du anderen Menschen gerne und ohne unangenehme Gefühle in die Augen?

Was geht in dir vor, wenn du über Berührung liest?

Neid?
Scham?
Lust?
Ich gehe seit 2015 den tantrischen Weg. Frag mich nicht, was Tantra eigentlich ist. Da habe ich keine Ahnung. ;-)
Ich mache einfach nur.

Und gelange dabei zu mir.

Gleich zu Beginn – was Tantra nicht ist

- Tantra ist nicht Gruppensex
- Tantra ist kein Swingerclub
- Tantra ist nicht Shades of Grey
- Tantra ist Berührung. Achtsame Berührung. Berührung aus dem Herzen.

Für mich. Kann sein, dass andere Menschen es anders sehe.

Berühren im Herzen

Wenn du berührst oder Berührung zulässt, tut sich etwas mit deinem Herzen. Es ist unmöglich, Berührung auf Dauer zuzulassen oder andere zu berühren, ohne dabei im Herzen weich zu werden. Und Energie einzulassen.

Wenn du schlechte Erfahrungen mit Menschen gemacht hast, kannst du vielleicht nur Tiere oder Pflanzen berühren, um dieses Gefühl deines weichen Herzens zu fühlen.

Öffnung des Herzens

Durch Berührung und das Zulassen von Berührung wird dein Herz weich und langsam wirst du bereit sein, dich zu öffnen. Das kann zuerst nur in der Gruppe sein, in der ihr das Berühren übt.

Eines Tages wird dein Herz merken: Halt, wenn ich weich, wenn ich offen bin, ist das Leben so viel einfacher!

Dadurch erfahre ich so viel Schönes in der Welt – Tag für Tag!

- Du traust dich, du selbst zu sein. Sichtbar zu werden.
- Und du gehst anders auf Menschen zu.
- So viele „Das tut man doch nicht's" werden sich einfach im Nebel auflösen. Und mit dieser Einstellung wirst du neue Erfahrungen machen. Voll der Liebe und Freude.

Es werden Erfahrungen sein, die nur mit weichem Herz möglich sind.

Berühren der Augen

Das wahre Selbst des Menschen erkennst du in seinen Augen.

Nur in den Augen erkennst du, was der andere denkt. Ob er ganz für dich „da" ist. Ob er etwas zu verbergen hat.

In der TCM sind die Augen die Öffner des Herzens. Der „kleine Shen", der in Verbindung geht mit dem großen Shen, dem „Alles was ist" rund um uns. Wenn Augen miteinander sprechen, braucht es keine Sprache. Augenkontakt – wahrhaftiger Augenkontakt – verbindet Welten.

Berühren der Seele

- Bei einer Begrüßung von Herz zu Herz faltest du die Hände vor deinem Herzen, wobei die Daumen zu deinem Herzen zeigen. Du blickst mir leicht und frei in die Augen. Du öffnest dich mir und ich mich dir. Dabei führen wir sehr langsam und achtsam unsere Stirnen zueinander. Und halten den Blickkontakt. Kaum ein Zwinkern. Manchmal stoppen wir in unserer Bewegung und schauen nur, verarbeiten unsere Gefühle.
- Achtsam ist diese Begegnung, diese Begrüßung. Achtsam, denn du erkennst dich selber in mir.
- Am Ende des Weges zueinander legen wir unsere Stirnen aufeinander. Dein drittes Auge auf meins. Die Augen bleiben in Blickkontakt, aus zwei Augen wird ein Auge, das du in der Mitte auf meiner Stirn oder meinem Nasenrücken siehst.
- So verharren wir und begrüßen einander mit einem „Namaste" („Ich grüße das Göttliche in dir").
- Eine heilige Handlung der intimsten Berührung überhaupt. Ich öffne mich und lasse dich einen Blick auf meine Seele tun. Und du machst das Gleiche.
- Das ist der erste Schritt. Du öffnest dich und dein Herz.
- Und damit machst du dein Leben frei.

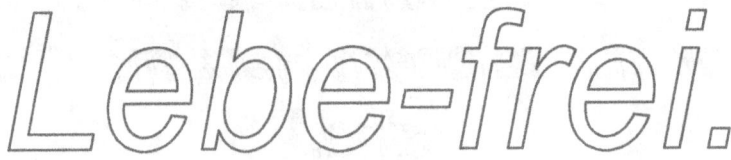

Teil 3 – Veränderung

Erkenne deine innere Unzufriedenheit

Bist du unzufrieden mit deinem Leben, weißt aber nicht, wo der Schuh genau drückt?

Manchmal im Leben geraten wir an unsere Grenzen. Wir wünschen uns endlich eine Pause aus dem Hamsterrad. Wir ersehnen Ruhe und Entspannung an den Feiertagen, die manchen von uns wie eine rettende Brücke zwischen Job und Job scheint. Lies dazu das Kapitel „**Job, Arbeit oder Beruf**".

Und genau in solchen Zeiten, genau jetzt, wenn wir vielleicht noch aufgerufen sind, durch bestimmte Feiertage (Ostern, Weihnachten ...) noch ein Schauferl mehr zu tun als sonst, fahren wir *über* unser Limit.

Genau hier stehst du jetzt.

Und du erkennst, dass du eigentlich unzufrieden bist. Mit dem Nachbarn, dem Lehrer der Kinder, den Kindern, den Eltern, dem Ehemann ...

Halt – mittlerweile kennst du mich sicher schon – hier ist nicht der Platz für Gejammere. Oder? Du wirst dir sicher schon gedacht haben, dass ich auf etwas ganz Bestimmtes hinauswill!

Ja richtig, und da kommt es schon – im Grunde bist du gar nicht unzufrieden mit all den anderen Menschen rund um dich – tief in deinem Herzen weißt du, dass deine Unzufriedenheit mit dir selber zu tun hat!

Was meinst du?

Der Nachbar dient mir nur dazu, dass ich mich von mir selbst ablenken kann. Denn mir selber einzugestehen, dass ich unzufrieden mit mir und der Gestaltung meines Lebens bin, ist unbequem. Da suche ich lieber in der banalen Äußerung des Nachbarn mein Heil in der Flucht vor mir selber.

Unzufriedenheit mit der Gestaltung meines Lebens

Ja, ewige Unzufriedenheit kann schon nerven. Manchmal tut sie richtig weh. Das kann tagelang so gehen. Um dem schlechten Gefühl zu entkommen, gehen wir hinaus und ändern etwas. Wir kaufen vielleicht die 1001. Tasche oder das 500. Paar Schuhe, das wir gar nicht tragen, weil der Farbton nirgendwo dazupasst.

Andere Menschen gehen und betrinken sich, um der Unzufriedenheit zu entkommen, nehmen Suchtmittel oder zerstören fremdes Eigentum. Unzufriedenheit mit sich selber kann unterschiedliche Formen annehmen.

Wir laufen weg. Wir stellen uns tot.

Dabei will uns unsere Unzufriedenheit nur etwas sagen. Wir können sie als Wecker bezeichnen. Sobald unser Leben zu lange monoton vor sich hinläuft – und es kann noch so positiv scheinen –, springt die Unzufriedenheit aus ihrem Häuschen und schreit: „Kuckuck – kuckuck – kuckuck!"

Bist du unzufrieden, ändere dein Leben

Im Grunde ist also deine Unzufriedenheit der Weckruf deiner Seele, dein Leben zu ändern. In andere Bahnen zu bringen. Neues auszuprobieren. Mutproben zu bestehen. Dich selber in einer völlig anderen Situation kennen zu lernen. Dich lebendig zu fühlen.

Im Ernst: Fühlst du dich lebendig, wenn du unzufrieden bist? Oder nur unruhig?

Du kannst es dir auch wie folgt vorstellen: Ein kleines Kind sitzt vor dem Fenster. Draußen sieht es einen Rummelplatz, andere Kinder spielen Ball, weiter hinten reiten Kinder auf Pferden in den Sonnenuntergang.

Da wird es unruhig. Fängt an zu zappeln, zu greinen, zu betteln. Das ist Unzufriedenheit pur. Du fragst es, was es will. Genau kann es dir das nicht sagen. Erst einmal möchte es hinaus, schauen. Die vielen Möglichkeiten anschauen, vielleicht in die eine oder andere hineinschnuppern. Erst dann kann es dir vielleicht sagen, ob es die eine oder andere Tätigkeit für länger machen möchte. Und sich entscheiden, welche Möglichkeit es als erstes machen möchte.

Als erstes. Nicht für immer.

Ich glaube, das ist überhaupt eine der Hauptursachen für unsere Unzufriedenheit. Wir glauben, wir müssten Dinge für immer machen. Doch das „für immer" ist eine sehr lange Zeit, eine Zeitspanne, die niemand von uns überblicken noch gefühlsmäßig erfassen kann.

Wie du den Grund deiner Unzufriedenheit findest

Manchmal ist es uns nicht ganz klar, womit wir unzufrieden sind. Wir haben alles, was sich ein Mensch nur wünschen kann. Eine gut bezahlte Arbeit, ein Haus, ein Auto, eine Familie.
Genau hier kann es aber unbequem werden. Wir haben alles und doch sind wir unzufrieden, also haben wir ein schlechtes Gewissen, dass wir unzufrieden sind. Wir heißen uns vielleicht sogar undankbar, oder? So viele Menschen haben gerade nichts und wir sitzen da, mit vollem Bauch in warmen Stuben und wagen es unzufrieden zu sein.

Und doch ist es so. Die Welt da draußen lockt dich. Abenteuer rufen dich. Lass das „So habe ich mich gebettet, also muss ich so liegen blieben", das „Diese Suppe habe ich mir eingebrockt, die muss ich auch auslöffeln" und das Unzufrieden-Sein – schüttle das Bett neu auf, schmeiß die Suppe in den Gully, steh auf und mach JETZT GLEICH etwas Neues.

Davon halte ich dich nicht länger ab – schreib hier auf, was DU Neues gemacht hast!

....

....

....

....

....

....

....

....

Komfortzone – erweitern oder sprengen?

In letzter Zeit beschäftige ich mich regelmäßig mit dem Höhlengleichnis von Platon in Zusammenhang mit unserer Komfortzone. Ehe du das jetzt gleich ablehnst, weil du dazu in der Schule schon gegähnt hast, gib dem Ganzen heute eine Chance.

Erweitere gleich jetzt deine Grenzen und lies, wie ich Platon interpretiere.

Was für ein Typ in Bezug auf die Komfortzone bist du?
- Erweiterst du deine Komfortzone regelmäßig?
- Sprengst du gar ihre Begrenzungen?
- Oder bleibst du lieber innerhalb deiner Grenzen?

Unsere Grenzen

Wenn wir auf die Welt kommen, geben uns unsere Eltern, später unsere Umgebung, unsere Kultur, Religion usw. Grenzen vor. Wir erlernen diese Dos und Don'ts sozusagen mit der Muttermilch.

Doch eines Tages kommt der Zeitpunkt, wo es so nicht mehr passt. Wo uns diese Grenzen einengen. Dann sind wir in die Pubertät gekommen. Und je nachdem wie wir diese Zeit erfahren haben, werden wir unser ganzes Leben auf Erweiterungen unserer Komfortzone reagieren.

Haben uns unsere Eltern das Hinausgehen aus der geschützten Familienzone einfach gemacht? Damit wir das „Erweitern" als etwas Aufregendes, Spannendes und Lustvolles erleben?
Oder klammerten sie (aus Sorge und Liebe, die wir aber als solche nicht erkannt haben) und wir erleben nun jede Erweiterung unseres Lebens als harte Zeit, in der wir ständig um unsere Freiheit kämpfen müssen?

In diesem Artikel geht es um die Gegenüberstellung, unsere Grenzen zu erweitern oder sie mit einem Schwupp zu durchbrechen.

Schon die unterschiedlichen Worte implizieren andere Wege: „Erweitern" klingt schon gemächlich und könnte langsam und stetig vor sich gehen. „Durchbrechen" hört sich nach Gewalt an und könnte vielleicht etwas wehtun. Doch tatsächlich ist beides möglich und sinnvoll.

Ich kenne beide Varianten von mir selber. Manchmal muss man die eigenen Grenzen aufbrechen, weil sie schon erstarrt sind. :-)

Grenzen sind unsere Komfortzone

Die Komfortzone ist das, was ich gewöhnlich mache:
Gewöhnlich schneit es im Winter.
Gewöhnlich gehe ich in der Früh in die Arbeit.
Gewöhnlich esse ich Haferbrei in der Früh.

Gewöhnlich ist also etwas, das ich Tag für Tag mache und daher gewöhnt bin.

Ich mache es, ohne daran denken zu müssen. Automatisch vielleicht schon.

Hier nähern wir uns schon dem Kern der Sache.
Alles, was ich gewöhnt bin, kenne ich.

Ich kann es abschätzen, einschätzen und fühle mich sicher dabei.

Ja, ich muss nicht einmal mehr daran denken.

Meist kommt nichts Unvorhergesehenes auf mich zu, mein innerer Leibwächter (oder auch Schweinehund genannt) kann weiterschlafen.
Wenn ich die Schlüssel nehme, um in die Arbeit zu gehen, zuckt er nicht einmal mehr mit den Ohren.

Gewöhnlich bedeutet, dass ich es gewöhnt bin und in meiner Komfortzone verweile.

Gewöhnlich esse ich Suppe – die kann ich zwar nicht mehr ausstehen und schmecke kaum noch, wie sie eigentlich schmeckt.
Wenn mich jemand fragt, kann ich auch nicht mehr sagen, ob sie aus Brokkoli oder Karfiol besteht. Aber weil ich es gewöhnt bin, esse ich sie weiter und weiter.

Was kann ich in meiner Komfortzone erleben?

Ich erlebe Monotonie. Ich erlebe immer das Gleiche. Habe ich Langeweile, dauert diese Weile lange. Tut mir etwas weh, tut es weh. Wenn ich meine Komfortzone nicht erweitere, ändert sich nichts in meinem Leben und ich schlafe ein.

Aber: Ich erlebe Sicherheit.

Das ist der Dornröschenschlaf.

Diese Komfortzone stammt noch aus der Höhlenzeit. Als wir mitten IN der Nahrungsmittelkette standen und nicht am Rande. Damals war es tatsächlich lebensgefährlich, sich aus der Höhle zu bewegen. Außerhalb des Gewöhnlichen zu sein.

Höhlengleichnis von Platon

Und hier ist meine Interpretation:
Eigentlich ist es ein Modell für die Wirklichkeit bzw. unsere unterschiedlichen Wirklichkeiten.

Deine Wirklichkeit wird von deinen Grenzen bestimmt.

Ich habe einen tollen Film auf Youtube gefunden, der es sehr ansprechend erklärt: **https://www.youtube.com/watch?v=XcfhDs9I6mQ**

Platon baut eine Kulisse in einer Höhle auf: Zwischen dem Höhleneingang und der Wand gegenüber dem Eingang führt ein „Weg", auf dem ziehen Menschen und Tiere vorbei. Zwischen dem Weg und der Höhlenwand sitzen Menschen (ein Leben lang mit dem Rücken zum Eingang) gefangen. Alles was sie Tag für Tag sehen, sind die Schatten, die die Vorbeiziehenden auf die Höhlenwand werfen.

„Ihre Wirklichkeit sind Schatten auf einer Höhlenwand."

Wird nun einer dieser Menschen aus der Höhle gebracht und er gelangt an die Sonne, ist er völlig geblendet und sprachlos und muss sich erst an den Zustand gewöhnen. Er ist „erleuchtet".

Platon beschreibt den Zustand des wissenden Menschen, der gerne in dem Zustand des „Wissens" oder der Erleuchtung bleiben möchte. Ich verstehe „die Sonne" in dem Gleichnis als den Zustand der „Erleuchtung".

Doch weil jener Erleuchtete gerne den anderen Menschen in der Höhle den Zustand der Erleuchtung nahebringen möchte, kehrt er um und versucht ihnen von der Sonne zu erzählen. Doch sie erkennen ihn nicht als einen der ihren, weil sie ihn nun ebenfalls nur als Schatten wahrnehmen. Sie interessiert auch nicht wirklich, was er zu sagen hat, denn sie möchten viel lieber in ihrer vertrauten Welt bleiben. Da ist es viel sicherer, bekannter und sie fühlen sich geborgen.

(Platon: Politeia – Der Staat)

In diesen Ansatz interpretiere ich persönlich, dass jeder einzelne von uns Menschen seine persönliche Höhle hat und damit seine eigene persönliche „Wirklichkeit". Jeder Mensch lebt in „seiner Welt". Die Überschneidungen sind – wie bei der Blume des Lebens – dort, wo wir uns geeinigt haben, kraft unserer Einbildung etwas Ähnliches oder Gemeinsames zu erschaffen.

Das Ausbrechen aus der Höhle ist eine Krise

Krisen sind meiner Meinung nach Chancen und Anstöße der Seele, uns aus unserer Wirklichkeit hinauszubefördern und die Sonne zu sehen.

Meiner Meinung nach entstehen Krisen, wenn ich längere Zeit meine Komfortzone nicht verlassen habe, meine Grenzen allzu starr geworden sind.

Nun kommt etwas von außen, das mich wachrüttelt. Ein Anstupser, meine Filter, Muster und Glaubenssätze (Höhle) zu überdenken und ggf. abzulegen. Das kann freudig sein oder aber auch wehtun. So wie Krisen eben sind.

Ich habe in meinem Leben wahrgenommen (meine Filter): Je länger ich mich einer notwendigen Veränderung verweigere, desto schwieriger wird es für mich werden, sie zu vollziehen. Desto schmerzhafter wird es.

Übung Komfortzonenerweiterung:

Hier nun noch einmal meine Frage: Welcher Typ bist du? Schreibe nun deine Antworten hier auf:

- Erweiterst du deine Komfortzone regelmäßig?

....

....

- Sprengst du gar ihre Begrenzungen?

....

....

- Oder bleibst du lieber innerhalb deiner Grenzen?

....

....

Und nun setze deine Antwort um. Lies dazu den Artikel „**Komfortzone**".

7 unmögliche Tipps zum Loslassen

Kaust du auf einer notwendigen Veränderung herum wie auf einem alten Kaugummi? Und hast noch nicht den Trick aller Tricks gefunden, wie du es schaffst, dieses alte „Ding" in deinem Leben loszulassen?

Wobei „Ding" jetzt ein wenig aussagekräftiges und böses Wort für alles Mögliche sein kann:
- Arbeit
- Partner
- Auto
- Gartenarbeit
- Umbauarbeiten
- ... na du weißt schon, deine ganze To-do-Liste passt vielleicht gerade dazu.

Wenn die notwendige Veränderung nicht kommen mag, weil du nicht loslassen kannst (Kann man in ein volles Glas Wasser noch Wasser einfüllen?)
Vielleicht kennst du die eine oder andere Methode, die ich dir heute vorstelle. Es sind erprobte Wege – sie können auch dir Unterstützung geben.

Doch beachte: Wenn du das eigentliche Problem dahinter nicht erlöst hast, poppt das Thema immer wieder auf, wie der sprichwörtliche Springteufel aus der Schachtel, genau dann, wenn du es am wenigsten erwartest (und brauchen kannst).

Liste der Tipps zum Loslassen

Unmögliche Wege, eine Sache zu verändern (Pst: nur eine davon ist die „echte Prinzessin"...):
- wegwerfen
- davonlaufen
- sich tot stellen
- die Sache mit Gewalt verändern
- dich selber verbiegen
- die Sache verkleiden

- deine Einstellung ändern
- dich ändern

Wegwerfen

Die Sache wegzuwerfen ist ein probates Mittel, wenn du dir sicher bist, dass sie wirklich kaputt ist. Also wenn der Rahmen des Fahrrades einen rechtwinkeligen Knick hat, ist es gut, das Fahrrad wegzuwerfen. Auch das Auto mit dem Totalschaden oder die Socken, die aus mehr Löchern bestehen als aus Stoff. Alle diese Dinge wirklich wegwerfen. Die „Freundin", die nur von sich spricht und von ihren 1001 Krankheiten, wo du dich eine Woche lang von ihrem Besuch emotional erholen musst, gehört ebenso dazu.

Wenn es sich aber um deinen Partner, deine Arbeit oder deine pubertierenden Kinder handelt oder dem Auto nur ein neuer Bremsbelag fehlt, musst du selber wissen, ob Wegwerfen hier die beste Lösung ist. ;-) Manche Dinge lassen sich noch reparieren und sind dann wieder wie neu.

Doch manchmal sind wir von unseren Emotionen so benebelt, dass wir den Weg nicht erkennen.

Merke: Wirf nur weg, was wirklich unwiederbringlich kaputt ist.

Davonlaufen

Ein weiteres Mittel der Wahl, das sehr viele Menschen lieben. Besonders nützlich ist es, wenn über dir eine Lawine abgeht oder du unter einem Damm stehst, der gerade bricht.
Aber schon bei einem Bären im Wald kommen mir die Zweifel, ob Davonlaufen wirklich das Beste ist, was du tun kannst.

Aber wenn es um Probleme geht, die du mit deinen Mitmenschen hast, vielleicht solche(n), die immer wieder kommen, darfst du selber entscheiden, ob Davonlaufen das Mittel der Wahl ist. Es kommt ja darauf an, was du damit bezwecken möchtest.

Merke: Laufe nur weg, wenn es um dein Leben geht.

Sich tot stellen

Schön langsam erkennst du, was ich sagen will. Kommt eine Lawine, ist Totstellen einfach blöd. Da ist Davonlaufen genial. Totstellen wäre vielleicht beim Bären besser gewesen. (Jeder, der die Reaktionen vertauscht, kann unter Umständen kein zweites Mal wählen ...)

Stelle dich also tot, wenn du einem Bären oder Löwen gegenüberstehst. Keine Ahnung, ob das nützt, ich habe es noch nicht ausprobiert. Aber ich denke mal, das wirkt besser, als wenn ich laufe. Beim Laufen scheine ich eine Beute ... Aber stellst du dich auch tot, wenn dein Chef dich zu sich ruft? Oder wenn du die dritte Mahnung im Postkasten hast? Totstellen ist ein probates Mittel. Nur leider nicht immer und überall.

Totstellen erinnert mich an „des Kaisers neue Kleider" – keiner bemerkt es, außer dir.

Merke: Totstellen ist die Kunst sich unsichtbar zu machen, nur lassen sich die meisten Menschen da nicht täuschen.

Die Sache mit Gewalt verändern

Diese Methode gefällt mir, sie ist überhaupt die beste und am meisten gebräuchlichste. Passt was nicht dahin, wo ich es mag, hol ich mal eben den Hammer. Oder die Atombombe, je nachdem, wie groß der Spatz am Dach ist.

Je kleiner, desto besser für meinen Hammer, und falls ich den Spatz nicht mehr erkennen kann, hol ich mir ein Fernglas und schaue *verkehrt* herum durch ...
Verändere eine Sache mit Gewalt, wenn wirklich keine andere Lösung mehr möglich ist. Also wenn so viel Schutt über den Kumpels liegt, dass nur mehr gesprengt werden kann ... vielleicht.

Ob die Hammermethode das beste Mittel der Wahl ist, wenn es um deinen pubertierenden Teenager geht, entscheidest du selber ...

Merke: Haust du mit dem Hammer irgendwo hin, achte auf deinen Daumen.

Dich selber verbiegen

Au ja, das ist super, das ist der beste aller Tipps zum Loslassen, weil das tut den anderen nicht weh. Die können einfach so weitermachen und über deine Zeit verfügen, deine Kräfte und dein Geld ausgeben oder mit dir sprechen, wie es ihnen aus dem Mund fällt. Damit ist die Sache eindeutig vom Tisch. Nur dass sie unter dem Tisch leider stinkig wird. Seeehr stinkig.

Irgendwann ist es soweit und die Stinkbombe geht hoch ... Ich möchte nicht die anderen sein. Das mag zwar hier auf dem Papier als ein „lustiger" Weg erscheinen, auf diese Art und Weise Dinge aus dem Weg zu räumen, doch leider tut dir das lange Zeit in der Leber weh, wenn du dich so verbiegen musst. Und in der Galle. Und im Magen und im Kopf.

Migräne sagt man dazu. Aber das ist nur meine laienhafte Ansicht ...

Merke: Verbiege dich nur, wenn du ein Gartenschlauch bist.

Die Sache verkleiden

Also eigentlich ist die Sache ja anders und gar nicht so. Sie ist ganz sicher nicht mittelblau, allerhöchstens dunkelmittelblau. Aber wenn ich sie mir nochmal anschaue, ist die Sache eigentlich überhaupt nicht blau, sondern türkis mit extrem wenigen Grünanteilen ...

Die Krux am Verkleiden ist, dass zwar die oberste Schicht anders ist, aber darunter wuchert immer noch die Brennnessel. Das Unerledigte. Es wird schon noch halten ...

Verkleiden ist dem Verbiegen sehr ähnlich. Verkleiden tarnt sich auch gerne – na logisch, nomen est omen – im Verniedlichen (oder Verkleinern).

Nein, nein, die Haustüre hängt ja eh noch an einer Angel, es ist gar nicht so schlimm. Ich habe ja noch alle Zähne, was macht das schon, wenn meine Nase gebrochen ist?

Merke: Wenn du Dinge vor dir selber verstecken willst, mach das nur, wenn du gerade nicht hinschaust, oder verbinde dir zumindest vorher die Augen.

Deine Einstellung (und dich selber) ändern

Je nachdem, wie deine Sache ist und was sie ist, gibt es unterschiedliche Wege, mit ihr umzugehen. In vielen Fällen kann das „Einstellung ändern" eine harmonische Lösung sein. Aber nur, wenn dein „Einstellung ändern" nicht eine Maske vom „Verkleiden" ist. Oder von allen anderen Tipps zum Loslassen, die ich hier vorgestellt habe.

Das sind meine Strategien – und so werde ich sie ändern:

....

....

....

....

....

....

....

....

....

....

....

....

....

....

....

....

....

Tina Turner, Hildegard von Bingen und Maria Montessori – Meisterinnen der Veränderung

Oftmals stehen Veränderungen in unserem Leben an und doch sind wir uns dessen nicht bewusst. Oder wir wissen, dass „etwas" verändert werden sollte, teilweise auch genau was, und doch hängen wir irgendwie „in der Luft".

Stagnation macht sich breit. Da hilft es, sich umzuschauen und anderen Frauen über die Schulter zu blicken. Ich habe drei Frauen gefunden, die ich für absolute Meisterinnen halte, wenn es um Veränderungen geht, darum, Widrigkeiten im Leben zu meistern und entgegen allen Konventionen seinem Herzen zu folgen.

Schauen wir uns an, was Tina Turner, Hildegard von Bingen und Maria Montessori gemeinsam haben und was wir von ihnen lernen können:

Tina Turner, Hildegard von Bingen und Maria Montessori sind drei starke Frauen, die alle in unterschiedlichen Jahrhunderten geboren wurden und doch ähnliche Grundzüge in ihrer Lebensgestaltung tragen:

- Tina Turner, Hildegard von Bingen und Maria Montessori fühlten alle im Laufe ihres Lebens einen starken Drang, sich selber zu verwirklichen.
- Sie hatten alle gegen die vorherrschende Meinung anzugehen, die man Frauen ihres Jahrhunderts entgegenbrachte ...
- ... und dennoch ließen sie sich nicht beirren auf ihrem Weg.
- Tina Turner, Hildegard von Bingen und Maria Montessori strauchelten mehr als einmal und standen immer wieder auf und ...
- ... waren für viele Frauen Vorbilder, weil sie zu Zeiten, als Frauen noch nicht so gleichberechtigt waren, trotzdem ihre Frau standen.

Punkt 1 – du brauchst ein Ziel

„Der Ruf ist es, der dich stark macht."

Damit sind wir gleich bei einem anderen Thema – dem Thema „**Beruf, Job oder Arbeit**". Doch das ist eine andere Geschichte.

Aufgabe:

Nimm dir einen Stift und ein Blatt Papier oder dein Workbook (ein leeres Buch, wo du deinen Gedanken freien Lauf lassen kannst) und schreibe:

Mein außergewöhnliches Leben

Nun schreibst du im freien Fluss ungefähr 20 Minuten und ohne Pause – das ist wichtig, schreib einfach immer weiter ohne Pause – auch wenn nur steht: „so ein Blödsinn" – auch das ist eine Aussage!

Nach einiger Zeit kommen schon die Gedanken, die hinter dem Verweigern stehen. Schreibe also auf, was du dir für dein außergewöhnliches Leben wünschst.

Danach lege das Geschriebene beiseite. Lies nicht nach. Heute noch nicht. Erst am **4. Tag** nimmst du dir das Workbook und liest dir durch, was du geschrieben hast.

Erkennst du dein Ziel?
Hast du eine Ahnung, in welche Richtung es gehen möchte?
Auch wenn es dir nicht logisch erscheint, was du da herauslesen kannst – es ist doch einer Überprüfung wert.

Es mag sein, dass dein Herz jubiliert, doch dein Verstand nur den Kopf schüttelt.

Gib deinem Ziel trotzdem eine Chance und arbeite weiter:

Punkt 2 – du brauchst einen Weg

Dabei unterstützt dich eine Liste, z.B. wie folgt:
Schau dich in deinem Leben um und nimm wahr, was verändert gehört – um dein Ziel (das du im Workbook erkannt hast) zu erreichen. Über die Zeit hast du dich verändert und manche Sachen, die dich umgeben, sind nicht mitgewachsen. Diese Dinge verhindern dein Ziel.

- Mach nun eine Liste von den Dingen, die nicht mehr in dein Leben passen. Das kann auch einige Tage dauern. Lass dir Zeit, bleib aber dran. Lege dir die Liste in deine Reichweite, meist fällt einem im Tun etwas ein.
- Wenn du das Gefühl hast, dass du fertig bist – oder mindestens sieben Dinge auf der Liste stehen –, setze dich auf deinen Lieblingsort und gehe nun Punkt für Punkt durch. Achte dabei auf den Punkt, der am *leichtesten* umsetzbar ist.
- Diesen markierst du dir mit 1. Mit diesem Punkt beginnst du gleich. Nimm dir nicht das schwierigste Thema vor, übe dich erst in Dingen, die leicht gehen. Schmeiß die Lampe aus dem Haus, trenne dich von alten Kleidungsstücken, die du sowieso nicht mehr brauchst, und mach dein Umfeld fit. Danach gehe erst den Job an, die Partnerschaft oder was für dich noch verändert gehört. Nicht immer müssen die Dinge weggegeben werden, viele kann man wunderbar erneuern. ;-) (Lies dazu das Kapitel „**7 unmögliche Tipps zum Loslassen**".)
- Danach bearbeitest du den nächsten Punkt und dann den nächsten. Jeder mag schwerer und schwerer umzusetzen sein und doch – mit Geduld und Spucke – ziehst du Veränderung nach Veränderung durch.
- Hänge dir die Liste dort auf, wo du sie im Blickfeld hast – vielleicht auf deiner Kastentüre innen – da sieht sie niemand außer dir und trotzdem bleibt sie dir in Erinnerung.
- Immer wenn du einen Punkt erledigt hast und er nun besser zu deinem Ziel passt, klebe dir einen goldenen Stern daneben oder einen bunten Sticker, das freut auch dein inneres Kind.

Punkt 3 – du suchst dir Unterstützung

Im Laufe deines Weges kommt es immer wieder einmal vor, dass du nicht mehr weißt, warum etwas so ist, wie es ist. Du siehst den Sinn nicht in deinem Tun. Zu einem solchen Zeitpunkt suchst du dir Unterstützung.

Wenn du dein Leben umkrempelst, können in unterschiedlichen Zonen Hindernisse auftreten – ob der Körper streikt, der Geist oder die Seele – ich kann davon ein Lied singen.

Seit 1996 (wow, vergeht die Zeit!) gehe ich nun meinen Weg bewusst, habe zahlreiche Kanten umschifft, bin unzählige Male gestrandet, habe mich aber immer wieder aufgerichtet und bin weitergegangen.

Wenn es auch vielleicht nicht so dramatisch war wie bei Tina Turner, nicht so gesellschaftswidrig wie bei Maria Montessori und so spirituell wie bei Hildegard von Bingen – hatte es dennoch von allen drei Frauen etwas.

Was mein Weg mit Tina Turner, Hildegard von Bingen und Maria Montessori gemeinsam hat

Meinst du jetzt, dass ich größenwahnsinnig (dann lies hier „**Die Geschichte von Mut und Übermut**") geworden bin? Weil ich mich mit drei „Berühmtheiten" vergleiche?

- Jedoch: Wieso nicht?
- Wieso glaubst du (oder wir), du könntest das nicht? Dein Leben wäre vielleicht weniger spektakulär als das von Tina Turner, Hildegard von Bingen und Maria Montessori?
- Wieso denkst du das? (Wenn du es denkst ...)
- Ich sage dir, viel mehr Menschen haben ein weitaus schwierigeres Leben gehabt als Tina Turner, Hildegard von Bingen und Maria Montessori – doch sie waren nicht „berühmt" und haben ihrer Nachwelt kein Beispiel hinterlassen, wie man mit widrigen Umständen umgehen kann.
- Du bist vielleicht nicht so berühmt wie die drei Damen.
- Doch dein Leben hat sich für dich genauso angefühlt wie das Leben der drei Damen für sie selber.
- Vergleiche dich also mit ihnen oder suche dir ein Idol, das besser zu dir passt. Und vergleiche dich nach Lust und Laune mit ihr!
- Ich habe es gemacht. Und dabei erfahren, dass der Weg von körperlichen Themen (wo du Werkzeuge findest, die deinen Körper unterstützen) über mentale Themen bis hin zu einem Lebensgefühl, das eigentlich mit „Glückseligkeit" beschrieben werden kann, reicht.
- Eines Tages gelangst du plötzlich auf einen Gipfel. Du erkennst, dass dies ein Höhepunkt ist – doch du weißt auch genau, der Gipfel ist nur Illusion, denn weiter hinten siehst du noch einen weit höheren Gipfel. Ja, es geht immer weiter mit deinem außergewöhnlichen Leben.
- Das Feine ist, dass du dein außergewöhnliches Leben schon führst, wenn du auf dem Weg bist. Und wer weiß, vielleicht schreibst du ja eines Tages auch Geschichte!

P.S. 1: Das Beste daran ist aber, dass du im Außen gar nicht viel ändern musst. Du bleibst immer bei dir und änderst immer nur dich selber.

P.S. 2: Denn die wirklich großen Dinge im Außen ändern sich von selber.
P.S. 3: Probiere es aus. Ich warte auf dich auf einem der Gipfel.

Das bisher schwierigste Erlebnis in meinem Leben war:

....

....

....

....

....

Dieser Mensch fasziniert mich:

....

....

....

....

....

Diese Dinge möchte ich umsetzen:

....

....

....

....

Veränderungen im Leben?

Oh weh, nicht das schon wieder ...

Vor 18 Jahren befand ich mich in der Bequemlichkeitszone. Ich richtete mich mit meinen kleinen Kindern ins Familienleben ein, wurde träger und bekam ein gesundheitliches Problem nach dem anderen. Doch eines Tages wachte ich auf und fragte mich: „Und ist das jetzt schon alles?" Und an diesem Tag begann meine Suche.

Da kam das Buch von Barbara Sher „Wishcraft" (siehe **Buchtipps**) auf wundersamem Wege zu mir. Es hat mein Leben von diesem Tag an umgekrempelt. In dem Buch gibt es ein Kapitel über den „inneren Widerstand".

Durch dieses Buch begann ich, anders mit meinem Widerstand umzugehen. Ich hatte sogar drei Jahre lang die Rechte, von dem Kapitel eine CD zu produzieren und zu verkaufen. Ich schaffte all die Arbeiten, wie das Übersetzen, das Aufnehmen der Texte, das Erstellen des Covers, nur, weil ich die Methode anwandte.

Das war im Jahr 2000. Seit damals habe ich Barbaras Tipps bezüglich des Widerstandes abgekürzt und für uns modifiziert.

Mittlerweile ist mein innerer Wächter ein alter Bekannter. Da ich ihn kenne, kann ich angemessen auf ihn reagieren. Und so ist es mir über all die Jahre gelungen, neue Fertigkeiten, Berufe und besonders mein Unternehmen nicht nur zu beginnen, sondern auch weiterzuführen.

Barbaras Interpretation des inneren Widerstandes, meine eigenen Erfahrungen und das durch unzählige Seminare und Bücher angesammelte Wissen haben mich über Höhen und Tiefen geleitet.

Jetzt möchte ich die Erfahrungen dieser Jahre mit dir teilen.

Du sollst nicht lange suchen und probieren müssen, bis du dahin kommst, wo ich jetzt bin.
Ich wünsche mir für dich, dass du jetzt weiterschreitest in deinem Leben, du hast es wirklich verdient! Ich möchte dich darin unterstützen, wieder Neues zu beginnen und glücklich zu sein. Das gelingt dir, weil du ab jetzt mit einer völlig neuen Herangehensweise starten wirst.

Wo stehst du jetzt?

Wann immer du beschließt, eine Veränderung in deinem Leben herbeizuführen, kommst du früher oder später an einen Punkt, wo sich Hindernisse auftürmen?
Darum gehst du jedes Mal mit noch größerem Eifer an die Sache heran. Du weißt, dass dir bald wieder etwas in die Quere kommt.

Und heute hast du wieder beschlossen etwas völlig Neues auszuprobieren. Ich gratuliere dir! Doch halt – spürst du es gerade jetzt beim Lesen dieser Zeilen? Regt sich da schon dein innerer Widerstand? Du fragst dich vielleicht: „Was soll ich jetzt tun?"

Ja was? Nachgeben? Kämpfen?

Natürlich weißt du, hier geht es um den inneren Widerstand. Dieser Kerl wird auch innerer Schweinehund genannt. Doch „Schweinehund" ist bei uns auch ein etwas derber Ausdruck für einen ungehobelten Menschen. Daher ist es unklug, deinen Widerstand so zu nennen und ihm damit zu signalisieren, gegen ihn ankämpfen zu wollen.

Denn eigentlich ist unser Widerstand ein

Überlebenstrieb. Und damit unser Partner.

Je heftiger er auftritt, desto bedrohlicher scheint unserem Überlebenstrieb unser Vorhaben. Dabei ist es vollkommen egal, ob es etwas Gesundes oder Ungesundes ist. Sehr viele Menschen sind schon so oft von ihrem Widerstand „ruhiggestellt" worden, dass sie mittlerweile gar nichts mehr Neues beginnen. Sie sitzen seit Jahren in der „Bequemlichkeitszone" und werden krank, weil „sich nichts mehr bewegt" im Leben. Und darum gehen sie Veränderungen im Leben aus dem Weg.

Aber ist das die Lösung?

Nein, und das spürst auch du. Darum hast du dir dieses Buch gekauft. Du holst dir aktiv Unterstützung, ich teile meine Erfahrungen mit dir.
Vielen von uns wurde beigebracht, dass man seine Ziele ohne Zögern angehen soll. Und wenn wir das nicht können, haben wir einfach einen schwachen Charakter. Wir werden sogar als wertlos abgestempelt.

Doch das ist nicht wahr! Da wir alle das Phänomen des Widerstands kennen, ist es keine Charakterschwäche. Es ist etwas, das *in* uns Menschen liegt. So etwas wie Essen und Schlafen. Es hat auch eine bestimmte Absicht, denn Mutter Natur macht nichts ohne Grund! Es ist ein Instinkt.

Fragst du dich auch: „Hat mein Leben einen Sinn?" und: „Soll das jetzt Jahr für Jahr so weitergehen?" Spürst du auch, dass Leben Veränderung bedeutet? Erkennst du, dass fehlende Veränderung Stagnation bedeutet? Das Leben gefriert. Du fühlst, wenn wir uns nicht verändern, werden wir unglücklich und krank.

Und hier kommt die Rettung: Wir kämpfen nicht mit dem Widerstand. Wir werden ab jetzt mit ihm kooperieren.

Eigentlich ist es ganz einfach, wir geben ihm einen anderen Namen: Der innere Widerstand ist unser Leibwächter, der auf uns aufpasst!

Begleite mich auf eine Reise in deine glückliche Zukunft. Dieses Kapitel mag dein Reiseleiter sein. Dein Widerstand ist herzlich dazu eingeladen!

Übung:

Frag fünf deiner Freundinnen nach deren Erlebnissen mit dem inneren Widerstand. Frag sie, wie *sie* mit ihrem Widerstand umgehen, und notiere dir ihre Antworten.

....

....

....

....

....

Die Geschichte mit dem Widerstand

Die Unfähigkeit, einen bestimmten Entschluss durchzuführen, ist kein Zeichen der Schwäche – nein, im Gegenteil! Es handelt sich dabei um ein Zeichen von Stärke!

Kein Zweifel, Widerstand ist lästig und verbaut uns immer wieder den Weg zu unseren Zielen. Aber im Laufe dieses Abschnitts wirst du lernen, wie man mit ihm umgehen muss, sodass er dich nicht ständig von etwas abhält. (Ich lebe seit Jahren ohne nennenswerten Widerstand und mache sehr oft neue spannende Dinge in meinem Leben.)

Mit Schwäche hat Widerstand sicher nichts zu tun. Widerstand ist mächtig und viel stärker als alle Ermahnungen, sich doch endlich am Riemen zu reißen!
Und zwar deshalb, weil Widerstand ein „frühmenschlicher" Sicherheitsmechanismus ist, vergleichbar mit einem riesigen muskulösen Leibwächter, der dich von allem abhält, was dich verletzen könnte.

Dieser Überlebensinstinkt hält dich von allem Unbekannten zurück.

Es ist eine Reaktion, die es schon mindestens seit der Steinzeit gibt und die daher auch in unserem genetischen Material verankert ist.
Steinzeitmenschen hatten ein gefährliches Leben, sie mochten keine Abenteuer oder Reisen ins Unbekannte. Die frühen Menschen wollten vor allem eines: Sicherheit.

Sie saßen zufrieden herum. Einfach zu sitzen bedeutet, dass genau jetzt alles in Ordnung ist im Leben. Genug Essen und die Kinder satt. Sie mussten sich um nichts Sorgen machen. Für eine Weile gab es genug Essen. Sie mussten nicht hinaus, daher gab es keine Gefahr für sie.

Einige dieser Steinzeitmenschen waren aber neugierig. Sie verließen den Stamm und drangen weit ins Unbekannte vor. Diese Neugierigen gerieten in Gefahr, hatten kürzere Leben und produzierten daher weniger Nachkommen. Das waren die Innovativeren. Daher wurde das „Anti-Abenteuer-Gen" weit stärker vererbt als das „Abent-euer-Gen".

Du siehst, Widerstand ist in dich einprogrammiert. Er ist ein Erbstück, das dich davor bewahren möchte, neue Dinge zu tun. Auch wenn sie noch so interessant erscheinen. Du könntest ja den Boden unter den Füßen verlieren und in Schwierigkeiten kommen.

Dein innerer Wächter hat nur ein Ziel:

Er will, dass du in absoluter Sicherheit lebst!

Es ist ihm unverständlich, warum du etwas so Schwieriges und Unvorhersehbares tun willst, wie etwa Joggen gehen, ein Buch veröffentlichen, tanzen gehen, vor vielen Leuten eine Rede halten, ein Webinar veranstalten oder dich gar selbstständig machen.

Spaß zu haben ist nicht sein Ziel für dich.

Aus seiner Perspektive ist alles, was nicht der Ernährung und dem Wegrennen vor wilden Tieren dient, eine Verschwendung von Energie. Deshalb ist es auch so schwer, aus der Trägheit heraus in die Gymnastikstunde zu gehen oder Diät zu halten.

Wenn du versuchst, Kalorien mit Gymnastik zu verbrauchen oder durch Diät einzusparen, denken deine Überlebensmechanismen, dass du verrückt geworden bist. Sie beginnen mit voller Kraft, dich davon abzuhalten. (Darum klappen auch eher die Diäten, die kurz, aber heftig und mit eindeutigem Erfolg gekennzeichnet sind, weil die sind schon wieder aus, bevor der Widerstand aufwacht. ;-))

Leider können wir unserem Gen nicht sagen, dass die Steinzeit längst vorbei ist. Es kann uns nicht hören. Und selbst wenn es das könnte, würde es uns nicht glauben.

Wir können den Widerstand auch nicht ignorieren oder ihn austricksen. Wenn wir ihn geschickt bekämpfen, antwortet er mit einigen noch gefinkelteren Schachzügen. Die tarnt er überdies so gut, dass wir ihn gar nicht dahinter vermuten. (Oder würdest du sagen, dass Migräne einer seiner Schachzüge ist? Auf den ersten Blick vielleicht nicht, aber einige Frauen haben schon festgestellt, dass die Migräne immer auftaucht, wenn es irgendwie schwierig wird.)

Einige seiner Erscheinungsweisen sind:

Tarnung 1: Ich bin zu beschäftigt

Wenn du zu viel zu tun hast, um dich Dingen zu widmen, die du tun willst, ist das normalerweise die Maske, hinter der sich der Widerstand versteckt. Glaubst auch du, zu beschäftigt zu sein? Überlege, wie viel Zeit du vor dem Fernseher verbringst oder wie lange du telefonierst, obwohl es gar nichts zu sagen gibt.

Tarnung 2: Ich bin wahrscheinlich nur zu faul

Viele von uns glauben, zu faul zu sein, wenn wir Dinge, die wir tun sollen, nicht tun. Aber Faulheit gibt es gar nicht. Wenn du nämlich Gusto auf ein Eis oder sonst eine Leckerei hast, würdest du wahrscheinlich die Energie aufbringen, es zu holen.

Ein wirklich fauler Mensch wäre IMMER faul.

Tarnung 3: Ich will es einfach nicht stark genug

Denkst du vielleicht, wenn du etwas nur wirklich stark genug wollen würdest, dass du es auch tun könntest?

Falsch.

Manchmal ist die Tatsache, dass du etwas unbedingt erreichen willst, das größte Hindernis:
Hinter deinen größten Sehnsüchten könnten so viele versteckte Gefahren lauern, dass dich dein Widerstand nicht mal in die Nähe kommen lässt! Spaß zu haben ist nicht sein Ziel für dich. Spaß macht leichtsinnig, man merkt vor lauter Lachen nicht, das sich ein Bär anschleicht.

Mit ganzem Herzen etwas zu tun, was einem Spaß und Freude macht, kann auch lange begrabene Gefühle und Konflikte heraufbeschwören, die dein Leibwächter auf gar keinen Fall zulassen wird. Z.B. wenn du als Kind gerne gesungen hast und dich ein Lehrer mit „Halt den Mund, du klingst ja grässlich" abgestellt hat, war das nicht nur eine Frechheit und gemein, sondern hat auch deine Gefühle tief verletzt.

Und dein Leibwächter passt seitdem auf, dass du diese Verletzungsgefühle nicht wieder fühlst. Also hält er dich gleich völlig vom Singen ab.

Tarnung 4: Es langweilt mich plötzlich

Langeweile ist ein seltsames Phänomen. Alles was wir nicht verstehen, weckt unsere Neugierde. Nicht so die Langeweile, die dein spezielles Vorhaben betrifft – diese akzeptierst du einfach so. Wenn du voller Enthusiasmus an ein Projekt herangehst und plötzlich wird es dir „langweilig", bist du garantiert von etwas „abgeschaltet" worden. Dieses Etwas ist dein Widerstand!

Tarnung 5: Ich habe wichtigere Dinge zu tun

Uns allen wurde beigebracht: „Erwachsene tun zuerst die wichtigen Dinge, danach erst das, was ihnen Vergnügen bereitet."

Wenn es sich dabei um einen wichtigen Termin handelt, ist das logisch. Aber warum wirst du plötzlich so pflichtbewusst, wenn es darum geht, ein bisschen an deinem Buch oder Buchartikel zu schreiben?
Der spontane Gedanke, dass es Wichtigeres zu tun gibt, ist nur eine weitere Verkleidung des Widerstandes.

Tarnung 6: Ich werde krank

Kennst du das? Du hast einige Zeit deinen Widerstand erfolgreich bekämpft, gemacht, was *du* wolltest, und nicht, was *er* dir befahl.

Du bist ein ganz schönes Stückchen vorangekommen, dein Widerstand schien auch nicht mehr aufzutauchen.

Also hast du kurz einmal nicht aufgepasst und da schlägt er plötzlich heimtückisch und aus dem Hinterhalt zu: Du wirst krank und kannst nichts mehr tun.
Und wieder hat er gewonnen! Er machte sich den Stress zunutze, den du hattest, um den Widerstand zu bekämpfen.

Übung:

Welcher Widerstandstyp bist du?
Schreibe die Masken auf, hinter denen sich *dein* Widerstand normalerweise versteckt.

....

....

....

....

....

Teste die Stresstheorie:

- Denk an etwas, das du schon immer machen wolltest. Etwas, das du wirklich *tun* willst, wofür du aber leider nie Zeit findest.
- Jetzt steh auf und bewege dich auf das Projekt, diese Tätigkeit zu, so als ob du es JETZT beginnen wolltest.
- Gehe langsam darauf zu, ganz langsam auf den Computer, den Sprachkurs, die Gymnastik oder die Diätnahrung.
- Höre in dich hinein und verfolge aufmerksam – während du Schritt für Schritt machst – was du spürst!
- Wenn du Spannung in dir spürst, gehe trotzdem weiter. Spürst du, wie die Spannung wächst?
- Das ist dein Widerstand, der aufgewacht ist, merkt, dass Gefahr in Verzug ist, und Stress macht!
- Jetzt denkst du vielleicht, dass du noch etwas trinken willst, ehe du beginnen könntest? Oder noch schnell den Schreibtisch aufräumen willst? Einkaufen gehen, weil der Eiskasten leer ist?

Diese Gedanken schickt dein Widerstand. Er ist schon gewöhnt, dass du ihn bekämpfst, und versucht es jedes Mal auf geschicktere Art und Weise.

Du kannst diesen Stress ein- oder zweimal erfolgreich bekämpfen, aber lange hältst du das nicht aus. Stress halten wir nicht lange aus, wir werden krank. Und wenn wir krank sind, können wir natürlich auch nicht mehr unser Buch schreiben.

Natürlich tun wir all diese Dinge doch. Dinge, die unser Chef uns aufträgt, Termine, die eingehalten werden müssen. In letzter Not, also „wenn der Hut" brennt, arbeiten wir vielleicht besonders gut, hilft uns dieser „letzte Termin", der beim Steinzeitmenschen einer Todesfurcht gleichkam.

Und was glaubst du, was sich unser Organismus ausgedacht hat, um diesen Stress wieder abzubauen?
Kannst du es dir denken?

Nun, wir nennen es „schlechte Gewohnheiten".

Was kann das sein?
Öffnen einer Packung Eis, Chips oder Bier, Stunden vor dem TV verbringen und durch alle Sender zappen. Ja, das lindert all diesen lästigen Stress. Und unser lieber Widerstand kann endlich einmal eine Runde ausschlafen. Genau das ist es auch, warum diese „schlechten Gewohnheiten" für uns so anziehend sind!

Schlechte Gewohnheiten haben auf unser Gemüt eine Wirkung wie Schmerztabletten, sie betäuben unser Unwohlsein und versetzen unseren Verstand in Trance.

Wir können diesen Zustand auch „Trägheitszustand"

nennen.

Der Trägheitszustand

So heißt unser Zustand, wenn wir wieder einmal den ganzen Sonntag vor der Glotze gehangen sind und uns nicht aufraffen konnten, hinaus in den Sonnenschein zu gehen.

Wenn wir im Trägheitszustand versinken, verlassen wir einen Teil der Bewusstseinsebene, unser Blutdruck sinkt.

Unser Überlebensmechanismus, der liebe Widerstand, kann nun ein Nickerchen machen. Sein Einsatz ist zurzeit nicht nötig, keine Gefahr in Verzug.
Aber: Während wir so vor uns hindämmern, nagt etwas in uns. Es ist ein unguter Gedanke. Und das Gefühl, dass wir bereuen werden, was wir da tun. Doch es bleibt meist bei diesem Gedanken, weil wir uns dabei sicher fühlen, und außerdem ist dieses ungute Gefühl ja soooo weit weg.

Eine Zeit lang geht das gut. Ist der Kuchen gegessen, das Bier getrunken, der Film ist aus, nichts Gutes kommt mehr nach, wir erwachen aus dem Traum – und werden traurig.
Stress verspüren wir keinen mehr, wir haben uns völlig entspannt. Für den Körper ist das eine Wohltat, aber unsere Seele jammert. Unsere Talente flüstern uns zu, dass unsere Lebenszeit vergeht und wir sie nicht nützen. Wir nicht das tun, was uns glücklich macht.

Dabei haben wir doch nur einmal kurz nicht aufgepasst!
Liegt es an geringer Selbstachtung?

Du meinst: „Erfolgreiche Menschen geben ihrem Widerstand nicht nach. Also ist ja vielleicht doch irgendein kranker Teil in mir, der mich hasst und mich ständig boykottiert?" Nein, ganz im Gegenteil!

Widerstand ist ein deutliches Zeichen für hohe

Selbstachtung!

Er zeigt, und zwar sehr deutlich, dass du beabsichtigst, zu überleben!

Erfolgreiche Menschen haben unterschiedliche Trainer oder Manager rund um sich, die ihnen dabei helfen, ihren Widerstand zu bekämpfen! (Personaltrainer, Geldcoach, Manager, Sekretärin, sie alle setzen ihnen Termine, wodurch sie gezwungen sind, all diese Dinge zu tun, die sie leisten!

Dein Widerstand stellt eine stolze Seite in dir dar. Diese Seite weigert sich, sich kontrollieren zu lassen. Je stärker deine Individualität und Selbstbestimmung ist, desto stärker ist dein Widerstand bemüht, dich vor neuen Ideen und Risiken zu bewahren!! Je stärker du gegen ihn ankämpfst, desto gefinkelter wird er.

Widerstand ist in unserem Innersten zu Hause und er wird auch dort bleiben!! Er wird zwar schwächer, aber er wird niemals völlig die Bahn freimachen.
Vergiss also alle Schuldgefühle, wenn du Dinge nicht tust, die du eigentlich tun willst.

Sollten wir aufgeben und uns fügen?

Auf gar keinen Fall. Es gibt Wege, sich aus dem Griff des Widerstandes zu befreien. Und zwar so, dass er nicht einmal blinzelt, wenn du etwas Neues beginnst!

Er wird dir erlauben, deinen Träumen und dem guten

Leben nachzugehen.

Wie du aus dem Trägheitszustand erwachst

Zunächst ist es notwendig, den Griff des Widerstandes etwas zu lockern. Wenn du ihm klarmachen kannst, dass du gar nichts Gefährliches tust, wird er etwas nachlassen und du kommst etwas aus dem Trägheitszustand.

Strategie 1: Finde die kleinste Einheit, die du noch lieben kannst

Meistens wollen wir die Dinge ja gleich „richtig" machen. Wenn schon, denn schon. Und schreiben muss man täglich, denn sonst wird kein Buch oder Kurs daraus.

Wir möchten also täglich eine oder zwei Stunden schreiben oder laufen gehen, weil nur so macht es Sinn.

Aber genau dieser Gedanke reicht schon, um den Widerstand blitzschnell aufzuwecken. Schon wenn du planst, wirft er dir das eine oder andere Stöckchen zwischen die Füße.
Wenn du also möchtest, dass er sofort aufwacht und dich von einer Sache abhält, nimm einen Kalender, markiere dort mit einem großen roten X einen Tag, notiere dir dazu: „Ab heute jeden Tag joggen gehen". Glaube mir, du wirst an diesem Tag sicher nicht joggen gehen, vielleicht hast ja du den Kalender „verloren" bis dahin … ;-)

Ich rate meinen Klienten: „Wenn du keine Lust hast, das umzusetzen, was wir erarbeitet haben, ist das nicht schlimm. Vielleicht magst du ja stattdessen in meinem Buch stöbern und die netten „Geschichten" lesen. Oder, wenn das auch nicht geht, lies dir nur das Buch durch. Im allerschlimmsten Fall setze dich nur vor den PC, rufe ein Word.doc auf und schreibe einen Satz: „Ich will jetzt nicht schreiben." Speichere es ab und schließe es wieder. Wichtig dabei ist, dass du dich in irgendeiner Weise mit dem Schreiben beschäftigst."
Es geht beim Start in ein neues Leben nicht darum, möglichst viel zu tun, sondern überhaupt den ersten Schritt zu machen. Das geht nur, wenn der Widerstand in seinem Körbchen schläft.

Bleib also auf dem Sofa sitzen und mache den Stresstest, ohne ihn aufzuwecken. Gehe im Geist die volle Tätigkeit durch. Spürst du Unlust, nimm die nächstkleinere Variante und so weiter, bis du keine Unlust mehr spürst.

Und dann machst du diese kleine Einheit, einfach ohne großes Aufsehen zu erregen, vielleicht auf dem Weg in die Küche. ;-)

Also – höre auf deine Gefühle! Und mach nur so viel,
dass du es gerade noch WILLST.

Wie ich schon oben schrieb: „Schreibe jeden Tag einen Satz." Natürlich wird damit das Buch nicht wirklich fertig, doch wenn du das einige Tage gemacht hast, weil *das* die kleinste Einheit ist, die dir gefällt, kommt eines Tages der Gedanke, dass du ja mal ein bisschen mehr schreiben könntest.

... und immer noch schläft dein Leibwächter. Das ist es, was wir wollen!

Ich selber war einmal bei der so kleinsten Einheit, dass ich nur daran DENKEN konnte, was ich vorhatte. Mehr ging nicht. Einmal täglich daran denken, was ich vorhatte, das aber mit großer Freude. Ich liebte die Vorstellung, um die sich meine Gedanken täglich drehten. Das ging einige Wochen so, dann habe ich mir das „Material" gekauft – so nebenbei im Internet ... Alles für meinen Leibwächter überhaupt nicht aufregend ... Und dann habe ich in 5 Wochen 15 Kilo abgenommen. Einfach so, der Widerstand hat nicht einmal den Kopf gehoben.

Ganz wichtig ist also bei allem, was du neu beginnst, dass du dich nicht mit Brachialgewalt dazu zwingst. (Auch dir selber ein „Leckerli" versprechen, nachdem du „es" erledigt hast, bedeutet Brachialgewalt.)

Gehe niemals und nirgendwo und schon gar nicht dir selbst gegenüber mit Gewalt vor!

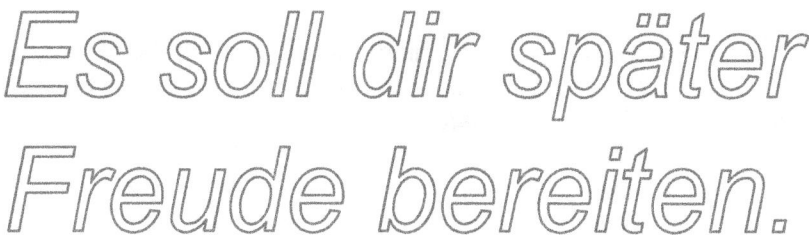

Sobald du Stress spürst, hör auf und nimm die „Trägheitshaltung" ein.

Und dasselbe gilt für jedes Projekt, das du anpacken möchtest. Einfach so lange bei der kleinsten Einheit verweilen und sie lieben, bis sie zur Gewohnheit geworden ist.

„Was aber", sagst du, „was ist aber, wenn ich nicht einmal daran denken möchte?"

Nun, dann gibt es die zweite Strategie:

Verweigere aktiv, auch nur daran zu denken.

„Heute weigere ich mich irgendetwas zu tun."

Strategie 2: Stampfe mit dem Fuß auf und sage: **„NEIN, heute mag ich nicht einmal daran denken!"**

Du hast damit eine kraftvolle Entscheidung getroffen und bist nicht „abgeschaltet" worden.

Frage mich. Ich war viele Jahre die Beste in Sachen etwas Neues beginnen und nicht durchhalten. Es gab eine Zeit, da hatte ich mehr halbfertige Pullover auf der Nadel im Kasten liegen als fertige. Aber ich habe einen Weg gefunden, mit meinem Widerstand in Frieden zu leben und ihm das zu geben, was er dringend braucht: Sicherheit für mich.
☺ Was denkst du, wie viel „Langeweile" darin stecken *könnte*, diesen Text für dich zu schreiben? Früher hätte ich das sicherlich nicht geschafft. Oder das ganze Buch zu erstellen. Oder mich vor 17 Jahren selbstständig zu machen ... oder ...oder ...

Ich habe meinen Widerstand trainiert, Neues nicht mehr als potentielle Gefahr anzusehen, sondern wirklich nur auf Bären, Wölfe und tatsächliche neuzeitliche Gefahren zu reagieren.

Hast du also kraftvoll entschieden, heute eine Pause einzulegen? Mach heute eine Pause. Damit legst du nicht das ganze Vorhaben zur Seite. Im Gegenteil, du holst dir Kraft durch diese **bewusste** Pause.

Und das machst du so lange, bis du die kleinste Einheit machen kannst.

Aber hat der Widerstand nicht gewonnen?

Nein, hat er nicht. Denn wenn du dich jeden Tag AKTIV dafür entscheidest, die kleineste Einheit nicht zu tun, denkst du immer noch an dein Vorhaben. Da dein Widerstand überhaupt nicht unterscheiden kann, ob du gestern tatsächlich etwas getan hast oder nur daran gedacht hast, wird ihm der Gedanke daran morgen schon vertrauter vorkommen.

Darum geht es eigentlich: Mache ihm die Sache vertraut.

Er wird deine neuen Gedanken kennen und sich davon nicht mehr aufwecken lassen. Und da du dabei schön brav auf deinem Sofa liegst, stört es ihn nicht. Und weil er keine echte Gefahr mehr sieht, wird er gar nicht mehr aufwachen!
Und so kannst du eines Tages wieder beginnen, an dein Vorhaben zu denken, und eines Tages stehst du einfach auf und machst es. Ohne Vorbereitung und ohne Aufregung.

Aber:

Liebe kann man nicht erzwingen.

Es nützt nichts, wenn du dich dazu zwingst, irgendeine „kleinste Einheit" zu lieben. Vielleicht musst du ein wenig suchen, bist du die kleinste Einheit findest, die du lieben kannst. Solange du dabei aber in der Trägheitshaltung verweilst, wird der Widerstand nicht aufwachen. Du hast alle Zeit der Welt, dir die Sache durchzudenken und die kleinste Einheit zu finden, die du mit deinem ganzen Herzen lieben kannst.
Probiere es einfach aus!

Denn dieser „Lieben-Teil" ist mächtiger als der Widerstand. Es ist ein weiterer Überlebensmechanismus. Aber eben mächtiger als er. Denn wenn Liebe im Spiel ist, liegt der Widerstand im Koma.

Leidenschaft bringt dich aus dem Trägheitszustand.

Leidenschaft ist der Schlüssel zu dir selbst.

Nun wären wir schon fast am Ende angekommen, denkst du? Nun ja, eigentlich schon, eine Kleinigkeit gibt es da noch … Wenn wir bis hierher gekommen sind, hat er wohl gemerkt, dass da was im Busch ist. Er ist ja nicht blöd. Leibwächter sind niemals blöd. Stur vielleicht …

Er hat also die ganze Zeit in seinem Körbchen gelegen und mit halbem Auge auf dein merkwürdiges Verhalten geachtet. (So wie Katzen, die scheinbar gelangweilt in irgendeine Richtung schauen und derweilen mit der Pfote „unauffällig" etwas machen, was sie nicht dürfen? So kommt mir das immer vor.) Er beobachtet dich und macht eines Tages seinen mächtigsten Schachzug. Es ist zugleich auch ein Test ...

Er lässt dich vergessen.

Meist gelingt es ihm am Wochenende, im Urlaub ... Zuerst vergessen wir unser Vorhaben „scheinbar" zufällig und plötzlich haben wir schon aufgegeben und machen gar nicht mehr weiter.
Das sind die Tage, die so gut verlaufen, wo wir im Flow sind, am Abend im Bett fällt es uns ein; „Oi, heute habe ich völlig vergessen ... zu tun (oder nur daran zu denken.)"

Da hilft nur noch das gute alte Post-it, eine Notiz am Handy oder ein anderer Merkposten *außerhalb* von dir selbst. Wenn du diesen siehst oder hörst, machst du einfach dort weiter, wo du aufgehört hast. Ohne Schuldzuweisungen oder dir irgendwelche Schimpfnamen zu geben.

Auf diese Art und Weise hast du einfach etwas Neues begonnen und dein Leben nachhaltig verändert.

Zusammenfassung der Strategien:

- Finde die kleinste Einheit, die du gerade noch tun willst.
- Freue dich an dieser kleinsten Einheit.
- Wenn du einmal die kleinste Einheit nicht mit Freude tun willst, denke wenigstens daran.
- Wenn das nicht geht, verweigere AKTIV, daran zu denken.
- Bringe irgendwelche Merkposten außerhalb deiner selbst an, die dich erinnern.
- Wenn du tatsächlich einmal vergessen hast und durch einen Merkposten daran erinnert wirst, mach einfach da weiter, wo du aufgehört hast.

Teil 4 – Arbeitsbögen

Ressourcenliste

Was ich kann:	Wann das letztes Mal?	Brauche ich Geld?	alleine oder mit?	geplant oder spontan?	Auf die Arbeit bezogen?	Drinnen oder draußen?	Mühelos?	Intellektuell, körperlich, spirituell?
1.								
2.								
3.								
4.								
5.								
6.								

(Kopievorlage)

Arbeit an deinem Selbstbewusstsein

Ich habe hier für dich einige Punkte notiert, die Menschen mit schwachem Selbstbewusstsein gemeinsam haben. Schau, welche Punkte sich für dich wirklich stimmig anfühlen, und achte auf deine Gefühle, wenn sich etwas noch nicht so stimmig anfühlt.

Kennzeichne die, die sich stimmig für dich anfühlen – vielleicht mit einem roten Herz. ☺ Bei Punkten, wo du bemerkst, dass du noch Änderungspotential hast, mach dir daneben eine Anmerkung. Das ist deine Arbeitsliste. Von ihr wählst du den Punkt aus, der dir gefühlsmäßig am einfachsten zu bear-beiten erscheint.

Achte auf Begebenheiten in deinem Leben, wo du diesbezüglich auf Widerstand stößt oder wo du diesem Punkt begegnest. Ich lerne sehr leicht an sogenannten „Spiegeln" – und sehe im Außen bei anderen Menschen, bei Begebenheiten, in Büchern etc., was ich erkennen soll.

Je nach „Größe" der Angelegenheit nehme ich aber auch Unterstützung von meinem Coach oder meiner Therapeutin in Anspruch.

Wie immer bei dieser Art der Arbeit – werte dich nicht ab, nimm es einfach an, wie es ist.

Du weißt ja, wohin die Reise geht: Zu dir selber. Zu deinem starken Selbstbewusstsein:

„Ich sehe und akzeptiere mich mit allen meinen Stärken und Schwächen."

Nun geht es los:

Ein schwaches Selbstbewusstsein erkennst du an:

- ○ Dir kommt das Leben ungerecht vor – „immer passiert das mir"
- ○ Du lässt andere schwer an dich heran
- ○ Du kannst Lob nur schwer annehmen
- ○ Du weißt nicht genau, wie du mit Erfolg umgehen sollst
- ○ Du gibst dir immer die Schuld, wenn etwas schiefgeht
- ○ Du sprichst in Selbstgesprächen eher negativ über dich
- ○ Du glaubst, dass du zu nichts wert/gut bist, nichts schaffst
- ○ Du umgibst dich mit Menschen, die ähnlich denken
- ○ Dir ist es zuwider, wenn es anderen Menschen rund um dich gut geht, und du versuchst, deren „gute Laune" zu stören
- ○ Du beklagst dich gerne und/oder bist zynisch
- ○ Du grübelst ständig über die Vergangenheit nach
- ○ Du hast Angst vor dem „Morgen"
- ○ Du fühlst dich nicht entspannt und ruhig (brauchst ständig „Ablenkung", auch in Form von Alkohol, Zigaretten etc.)
- ○ Du hast selten das Gefühl von Glück und Zufriedenheit bzw. hält das nicht lange vor
- ○ Du bist öfter depressiv
- ○ Du bist „nachtragend" und kannst erlittene schlechte Erfahrungen schwer loslassen

Baue dein Selbstbewusstsein auf:

Stärke deine Selbstliebe – wie, das liest du im Kapitel „**Selbstliebe – Liebe zu dir und anderen**".

Mach die Übungen zum Selbstvertrauen – lies dazu das Kapitel „**Selbstvertrauen – ich vertraue meinen Fähigkeiten**".

Lege dir ein „Danke-Buch" zu – das ist eine Art Tagebuch, wo du am Abend eines jeden Tages notierst, was du an diesem Tag Positives erlebt hast, welche Mutproben du erlebt oder welche Menschen du positiv beeinflusst hast.

Wichtig ist, dass du das nur in Stichworten tust:
- Heute mit dem Chef gesprochen über Gehaltserhöhung
- Heute selber die Druckerpatronen ausgewechselt
- Heute meine Ressourcenliste ergänzt
- etc. ...

Oder auch:
- Heute zu Evas Glückskurs angemeldet ;-)

Ich formuliere es auch gerne in „Danke"-Übungen – damit vereine ich die „Übung zur Fülle" mit der „Übung zum Selbstbewusstsein".

Also z.B.:

- Danke, dass ich heute mit dem Chef über die Gehaltserhöhung sprechen konnte – es hat geklappt!
- Danke für die Geduld, die Druckerpatrone selber auszuwechseln
- Danke für die Erkenntnisse aus meiner Ressourcenliste
- Danke für die ersten Krokusse im Garten
- Danke für die laue Sommernacht und den Sternenhimmel

- ....
- ....
- ....
- ....
- ....
- ....
- ....
- ....
- ....

Übung: Veränderung

Brücken als das Symbol der Veränderung
Brücken sind metaphorisch und symbolisch gesehen schon immer etwas gewesen, das „Verbindung schafft", aber auch „Altes von Neuem" trennen kann. Da Veränderung etwas Neues ist und du dich vielleicht gerade von etwas Altem wegbewegen möchtest – ist die Brücke die ideale Verbindung.

Wie du mit dem Symbol der Brücke arbeiten kannst

Du kannst das Symbol der Brücke auch bei der Arbeit an dir selber nutzen, ich habe zwei Übungen für dich notiert.

Arbeite mit dem Poster als Weg

- Such dir ein schönes Brückenbild, das dich wirklich anspricht. Drucke es groß genug aus oder bestell dir ein Poster.
- Hänge es dort auf, wo du es täglich siehst. Auf die linke Seite klebst du ein Foto von dir, die linke Seite symbolisiert die Vergangenheit (aber auch die weibliche Seite in dir).
- Auf die rechte Seite der Brücke kannst du nun mit einem Post-it dein jeweiliges Ziel aufschreiben und auf das Poster kleben. Die rechte Seite bedeutet die Zukunft, aber auch die männliche Seite in dir.
- Da Veränderung ja auch Kraft ist, eine Anstrengung, mobilisieren wir mit dieser Übung auch das Yang in dir, die männliche Kraft, die dich beim Aufbruch unterstützt.
- Nun beschreitest du, immer wenn du vor dem Bild stehst (darum hänge es am besten auf die Innenseite deiner Klotüre, so dass du es sicher öfter am Tag im Blick hast!) in Gedanken diese Brücke.
- Geh langsam und Schritt für Schritt, nimm alle deine Eindrücke wahr. Was siehst du? Welche Einzelheiten prägen sich dir auf deinem Weg ein? Was fühlst du, während du voranschreitest? Wird vielleicht dein Blick fast wie magisch von irgendetwas auf dem Bild angezogen? Wo liegt das, was dich da anzieht?
- Auf diese Art und Weise machst du dich in Gedanken mit der Veränderung vertraut. Im Grunde ist es eine Übung für „Strategie 1" aus dem Kapitel **„Veränderungen im Leben"**.
- Durch die „Brückenarbeit" gehst du im Geist schon alle Schritte vorab, lernst mögliche Herausforderungen kennen – und dabei bewegst du dich stetig auf dein Ziel zu.

- Und bald wird sich dein Außen auch in Richtung deines Ziels verändern. Lies dazu die Zeichen.

Arbeite mit dem Poster als Symbol

Damit dieses Spiel noch besser wirken kann, mach bitte jeden der folgenden Schritte sofort und in angegebener Reihenfolge, **ohne davor die ganze Anleitung zu lesen**!

1. Nimm dir mindestens eine Stunde Zeit. Hole dir einen Zettel und etwas zum Schreiben.
2. Stelle dir nun im Geist eine bestimmte Veränderung vor, die du gerne gehen willst. Schreibe sie auf einen Zettel – formuliere es genau aus. Du hast Zeit.
3. Und jetzt suchst du dir ein Bild von einer Brücke, das dich sofort anspricht. Du kannst den Link oben nehmen oder einfach im Google Bilder von Brücken suchen.

Hast du dir ein Brückenbild ausgesucht?

Nimm nun das Bild wahr, wie es fotografiert ist. Es hat eine Bedeutung, warum du dir gerade diese Brücke ausgesucht hast!
- Wie liegt die Brücke?
- Welche Farbe hat sie?
- Aus welcher Perspektive ist sie aufgenommen?
- Wo liegt das „links" und wo das „rechts".
- Ist es eine lange Brücke oder eine kurze?

Schau dir die Brücke an und ziehe deine Rückschlüsse in Bezug auf die Veränderung und wie du sie auf dem Zettel notiert hast.
- Was hast du notiert?
- Steht da viel Text oder wenig?
- Wie steht es mit deiner Handschrift?
- Gibt es da das eine oder andere Wort, das du sichtlich anders geschrieben hast?

Und wie immer, ich weiß, ich wiederhole mich:

Nimm wahr ohne zu werten. Sei gespannt und freudig.
Denn dein Leben wird sich ändern.

Erwecke die Schöpferin in dir

Durch zahlreiche DIY(Do-it-yourself)-Gruppen, YT-Filme und Zeitschriften angeregt, wagen immer mehr Menschen, ihre Kreativität zuzulassen. Denn die gute Nachricht ist: Jeder von uns ist kreativ!

Wir alle kommen mit der Fähigkeit unseres Gehirns auf die Welt, im ständigen Austausch mit der Umwelt zu stehen und Neues entstehen zu lassen. Wir sind kreativ geboren, doch ob wir es auch bleiben, hängt von unserer „Umgebungswelt" (Familie, Kindergarten, Schule, Kultur etc.) ab, die bewusst oder unbewusst der Kreativität des jungen Menschen entgegenwirkt.

Kreativ zu sein heißt, **etwas Neues zu (er)finden und unter all den Möglichkeiten die beste auszuwählen**. Unser Gehirn ist von Geburt an darauf geprägt, unter einer Vielzahl an Möglichkeiten zu entscheiden, welche die mit dem besten Ergebnis sein könnte.

Flüssiges Denken und Assoziationsfreude, die Fähigkeit zum Perspektivenwechsel und zur Grenzüberschreitung sind „kreativen Menschen" eigen.

Aus diesen Fähigkeiten und Einstellungen entstehen aber nur dann neue und brauchbare Produktionen, wenn flüchtige Einfälle festgehalten und kompetent ausgearbeitet werden.

Das Gehirn als Muskel braucht Übung, Raum und

Möglichkeit zur Ausbildung dieser Fähigkeit.

Um das zu üben, habe ich dir ein Zentangle (das kommt aus Amerika und entstammt eigentlich dem freien „Scribbeln" – ist aber jetzt vermarktet worden, trotzdem können wir es für uns nützen) vorbereitet, das du dir ausdrucken und weiterzeichnen kannst. Oder auch kolorieren.
Ideen für Muster findest du, wenn du in Google „Zentangle" eingibst, da kommen gleich hunderte von Bildern. Suche dir eines, wo viele Muster angeboten werden. So entdeckst du dann „deines".
Mehr über **„Zentangle"** habe ich dir in meinem Festival der Sinne-Blog in einem Artikel geschrieben.

Auf der nächsten Seite habe ich dir ein halbfertiges Bild abgedruckt. Zeichne es weiter. Mach dein Lebensbild daraus! Viel Freude damit!

Über die Autorin

Zehn Dinge, die du noch nicht über mich weißt

Heute geht es ans Eingemachte. Zehn Dinge, die du noch nicht von mir weißt. Die große Beichte sozusagen. Damit du mich noch besser kennen lernst.
Heute erzähle ich dir zehn Dinge über mich, die kaum jemand weiß. Wieso ich das mache? Dir schonungslos zehn Dinge über mich erzähle?
Damit du siehst, dass ich auch nur mit Wasser koche. Und daraus etwas lernen kannst. Denn natürlich ist das keine Nabelschau, die zehn Dinge können natürlich auch für dich einen Lerneffekt haben.

Hier sind sie schon, die zehn Dinge:

1. Ich nähe gerne.
2. Ich singe gerne.
3. Ich führe gerne Selbstgespräche.
4. Ich habe drei Kinder.
5. Ich liebe es, mich in der Natur aufzuhalten.
6. Ich reise gerne.
7. Ich lese und schreibe gerne.
8. Ich gehe seit über zwanzig Jahren meinen spirituellen Weg.
9. Ich bin harmoniesüchtig.
10. Ich mag das Gefühl der Angst nicht.

Ich nähe gerne. Das erste der zehn Dinge

Seit ich fünf Jahre alt bin, nähe ich. Zuerst waren es Puppenkleider, später Kleidung für mich selber. Da es am Markt kaum Kleidung gibt, die mir in Farbe, Stil und Größe passt, nähe ich mir gerne möglichst viel selber. Als besonderen Spaß machte ich eine Ausbildung zur Modemacherin. Einfach für mich, denn ich möchte mich in meiner zweiten Haut wohlfühlen. Stoff, Farbe, Schnitt – alles muss passen. Das ist weder besonders günstig noch zeitsparend, doch es ist eine meditative Tätigkeit, die mich zentriert.

Leider habe ich mir ein Eigentor geschossen: Im Zuge einiger hausinternen Zimmertauschaktionen mit meinen Mitbewohnern habe ich mein Nähzimmer verloren. Zwar habe ich mir eine Möglichkeit geschaffen, die ebenso gut wäre, wenn, ja wenn der Nähtisch nicht in die falsche Himmelsrichtung gehen würde und wenn ich überhaupt einen Weitblick hätte, wenn ich vom Nähtisch aufschaue.

Das muss ich irgendwie ändern, dazu muss der Schreibtischkasten, in dem die Maschinen jetzt stehen, irgendwo anders hin. Wenn er nur nicht so schwer wäre, dazu brauche ich also Hilfe, die muss organisiert werden. Ein Aufwand mehr. Puh. Oder statt dem Kasten einen Tisch. Hier habe ich eine offene Baustelle. Handlungsbedarf, und noch ich schaue mir zu, wie ich um das Thema kreise und nichts tue. Energie, die durch ein Loch abrinnt.

Kennst du das? Schau dich in deinem Haushalt um und schau, dass du die offenen Baustellen schließt.
Durch sie rinnt deine Energie aus deinem Leben.

Ich singe gerne.

Ja das tue ich. Summen, singen und tönen. Für mich, aber in letzter Zeit auch für andere. Da möchte ein Talent geboren werden. Ich fühle, es ist eine Gabe, wenn ich trommle, habe ich Verbindung mit der großen Mutter, die mir Töne und manchmal auch Worte übermittelt, die ich nachsinge. Oder wo ich mit unterschiedlichen Tönen in Chakren Schwingung verändern kann.

Ich führe gerne Selbstgespräche.

Wenn ein Gespräch, ein Vortrag oder ein Seminar vor mir liegt, übe ich es zuerst mit mir selber ein. Wenn es wirklich sitzt, ist es soweit. Erst danach gehe ich damit an den eigentlichen Empfänger.

Ich verwende die Technik auch, wenn es darum geht, hinderliche Glaubenssätze zu entdecken. Da setze ich den inneren Therapeuten an den runden Tisch mit dem Teil von mir, der gerade ein Problem hat. Da geht es schonungslos zu. Kaum zu toppen.

Wenn ich aber spüre, dass der Teil mehr als bockig ist, ist es Zeit, mir von außen einen Input zu holen. Eine Stunde Coach oder Supervision zum Beispiel. Das ist noch schonungsloser.

Und bringt immer Klarheit.

Wann bist du das letzte Mal zum Coach oder zur Supervision gegangen?

Ich habe drei Kinder.

Alles, was ich geschaffen habe in den vergangenen zwanzig Jahren, habe ich mir neben meiner Tätigkeit als Mutter aufgebaut. Da bin ich einerseits stolz darauf, andererseits habe ich – wie vielleicht 1001 andere Mütter auch – das Gefühl, nicht genug für meine Kinder gemacht zu haben.

Letztens bin ich auch drauf gekommen, woher dieses Gefühl bei mir kommt. Als ich klein war, war die lustigste Zeit die, die ich bei meinen Großeltern verbracht habe. Klar, sie hatten Zeit, all das mit uns Kindern zu tun, was unsere Eltern nicht tun konnten, weil sie das Leben drum herum organisierten.

Ich wollte meinen Kindern unbedingt genau das Gefühl vermitteln, das mir meine Großeltern vermittelt hatten. Nur dass das nicht geht, weil ich ja das Leben drum herum organisieren muss.
Seit ich das verstanden habe, habe ich Frieden mit mir geschlossen. Ich habe meinen Kindern alles gegeben, was ich konnte, aus vollem Herzen. Als Mutter. Nicht als Großmutter, das war und ist nicht meine Rolle im Moment.

Bist du auch Mutter? Und wie sieht es da mit deiner Rolle aus? Kennst du dieses Gefühl, dass es irgendwie nie genug ist?
Du bist nicht alleine.

Ich liebe es, mich in der Natur aufzuhalten.

Als ich mit zwanzig Jahren meine erste Wohnung bezog, hatte ich dort einen Balkon und ich lebte fast das ganze Jahr im Freien. Sobald es warm genug war, draußen zu sitzen, nahm ich alle Mahlzeiten draußen ein. Ich lernte für meine Kurse draußen, ich las meine Bücher, im Sommer schlief ich sogar draußen. Mein Balkon war mein zweites Wohnzimmer.

Jetzt habe ich einen Garten, da sitze ich auch, so oft es geht, draußen, doch leider ist mir schneller kalt als damals. Aber im Sommer kann ich zumindest teilweise draußen arbeiten.

Ich gehe gerne in der Natur spazieren und würde gerne auf dem Land leben. Hier ist irgendwie eine zweite Baustelle. Meine jüngste Tochter ist

11, da muss ich mich noch nach einer Schule richten, die mit einem Bus erreichbar sein muss. Ohne Bus wäre ich wieder in meiner Freiheit eingeschränkt.

Wie oft gehst du ins Grüne? Einfach hinaus an die Luft? In einen Wald, um die Stille zu tanken?
Bald ist Wochenende, hol das gleich nach.

Ich reise gerne.

Ich liebe es, zu reisen und fremde Länder und andere Kulturen kennen zu lernen. In meinen Zwanzigern war ich öfter in Kenia. Leider hatte ich in den letzten zwanzig Jahren keine Gelegenheit zu reisen, wie es mir Spaß macht. Da der Vater meiner Kinder Grieche ist, war die letzten zwanzig Jahre unser Reiseziel sein Heimatdorf. Ein winziger Fleck auf der Landkarte.
Außerdem habe ich mich durch die Schulzeit meiner Kinder in meiner Reisefreudigkeit stark einschränken lassen. Ich mag die Massen gar nicht, die zu den Schulferienzeiten auf der Welt anzutreffen sind.

Traurig aber wahr. Hier ist die nächste Baustelle.

Wo erkennst du einen Teil deiner Persönlichkeit, den du nicht lebst? Und bist dir dessen vielleicht sogar bewusst? (Reden wir einmal gar nicht von denen, die du nicht weißt ...) Hast du vor, ihn, sobald es geht, wieder in dein Leben zu holen, oder hast du ihn schon begraben?

Ich lese und schreibe gerne.

Schon zu Schulzeiten las ich mindestens zehn Bücher in der Woche. Jetzt lese ich schon lange nicht mehr so viel.

Irgendwie wollte ich immer schon mein Geld damit verdienen, zu lesen und zu schreiben. Das habe ich jetzt geschafft. Einige Bücher sind schon auf dem Markt von mir.

Ich kann davon noch nicht leben, aber daran arbeite ich Tag für Tag. Meine Vision für meinen Lebensabend ist eine Strandhütte, ein Tisch und ein PC darauf, wo ich schreibend mein Geld verdiene.

Was ist deine Vision für deinen Lebensabend?

Womit möchtest du deine restliche Zeit verbringen? Es mögen noch 40 oder gar mehr Jahre sein, doch ein Plan ist immer gut.

Ich gehe seit über zwanzig Jahren meinen spirituellen Weg.

In dem Moment, als ich meinem 1996 geborenen Sohn in seine mitternachtsblauen Neugeborenenaugen schaute, erhaschte ich den Blick auf das Universum. Ein uraltes Wesen blickte mich da an, mit einem Vertrauen in mich, das mich rührte und erst einmal unsicher machte, ob ich diesem auch gerecht werden würde. Immerhin war es ja mein Erstgeborener.

Ich erkannte damals unseren Ursprung und unser Ende und genau da, in diesem Augenblick begann mein spiritueller Weg. Noch lange nicht bewusst und jetzt im Nachhinein, bei der Rückschau erkenne ich, dass ich auch schon als Fünfjährige meinen spirituellen Weg gegangen bin. Doch dauerte das Bewusstwerden seine Zeit.

Bist du schon auf deinem spirituellen Weg? Erkennst du da und dort Zusammenhänge zwischen deinen Gedanken und deinem Leben? Bist auf der Suche nach dem Sinn deines Lebens? Und weißt, da ist noch mehr?

Ich bin harmoniesüchtig.

Ja wirklich. Früher bin ich sogar jeder Meinungsverschiedenheit aus dem Weg gegangen. Auf die Barrikaden stieg ich nur, wenn es wirklich wichtig war. Sonst gab ich lieber nach, um Ruhe und Frieden zu haben. Hier gilt es, einen Mittelweg zu finden. Allzu harmoniesüchtig ist nicht gut, allzu streitlustig auch nicht.
Wie ist das bei dir?

Möchtest du deinen Willen auf alle Fälle durchsetzen? Oder bist du so wie ich und gibst lieber einmal mehr nach, als auf deinem Recht zu beharren? (Lies dazu mehr im Kapitel „Grenzen setzen und „Nein" sagen".)

Ich mag das Gefühl der Angst nicht. Das letzte der zehn Dinge

Das ist haarig. Denn ich weiß, dass ich in manchen Dingen ängstlich bin. Manche Dinge schlagen mir auf den Magen, die mag ich gar nicht hören.

Ich richte mein Augenmerk lieber auf die Natur und die Sonne als auf Krieg und Unfälle. Also lese ich keine Zeitung mehr. Politisches erfahre ich aus dem Internet, gezielt und das, was mir wichtig ist.

Bei Dingen des Lebens nehme ich unterschiedliche Ängste wahr, zum Beispiel, wenn ich an meine Komfortzone stoße. Da spüre ich, hier kommt eine Grenze. Und damit Angst.

Ich weiß, je länger ich warte,
desto länger spüre ich die Angst.

Und damit ich die Angst nicht lange spüre, hüpfe ich sofort ins kalte Wasser, sobald ich fühle, dass die Angst kommt. So spüre ich sie nicht lange. Kaum eigentlich.

Das habe ich damals, als ich 20 Jahre alt war, in Kenia beim Tauchen gelernt. Wir fuhren mit einem kleinen Boot bei starkem Wellengang hinaus. Da wurde ich seekrank.

Ich wollte gar nicht mehr ins Meer, aber der Schiffsboy zwang mich ins Wasser. Er zog mir den Rucksack mit den Flaschen an, stülpte mir die Maske aufs Gesicht und komplimentierte mich mehr oder weniger streng ins Wasser.

Ich sprang schließlich freiwillig, denn ich hatte noch nie von einem Fall von Seekrankheit beim Schwimmen gehört. Und tatsächlich – kaum war ich im Wasser, waren die ganze Übelkeit und der Schwindel komplett weg.

Wie ist das bei dir?
Was tust du, wenn du Angst fühlst?
Wenn du fühlst, hier kommt eine meiner Grenzen?
Hüpfst du ins Wasser oder trägst du die Angst tagelang mit dir herum?

....

....

....

....

Meditatives Schreiben

Mit dem Werkzeug „Meditatives Schreiben" hast du sozusagen eine Schaufel in der Hand, mit der du deine tiefer liegenden Strukturen, Ängste, Glaubenssätze, Rollenerwartungen usw. finden kannst.

- Über die rhythmische Handbewegung beruhigt sich langsam der aufgewühlte Geist. Dein innerer Wächter geht wieder schlafen. Es passiert hier ja nichts Gefährliches.
- Du schreibst einfach deine Meinung oder deine Antwort zu einer Frage oder einem Thema. Dabei kommt es nicht darauf an, wie du schreibst – im Gegenteil, lass alles zu, was da kommt. Es kann sein, dass du plötzlich einen Satz „hinschmierst" oder Großbuchstaben verwendest oder andere Varianten eines emotionalen Ausdrucks.
- Du kannst es aber ebenso verwenden, wenn du Struktur in deine Gedankenflut bekommen möchtest. Oder bei einer Ideenfindung, wenn dir so viele Ideen und Möglichkeiten im Kopf herumschwirren, dass du nicht mehr weißt, welche sinnvoll ist und mit welcher du beginnen möchtest. Hier helfen unter Umständen Listen oder andere kreative Elemente.
- Ebenso eignet sich das meditative Schreiben dazu, wenn du in einer Emotion „festsitzt" – und nicht weißt, warum und was du brauchst, um da wieder herauszukommen.
- Mit der Schreibübung kannst du aber auch dein Lebensziel „ausgraben". Zumindest das nächste deiner Lebensziele.
- In jedem Fall notierst du dir alle Varianten einer Problemlösung auf Papier, denn damit bist du frei, alle Szenarien durchzuspielen, ohne dass du dich gleich entscheiden müsstest.
- Oder du möchtest mit einer Person, die schon gestorben ist und mit der du nicht mehr sprechen kannst, noch etwas klären.

Das „Meditative Schreiben" ist ähnlich dem therapeutischen Tagebuch. In der Psychologie wird es als Eigentherapie gesehen, bei der der Schreiber Erkenntnisse über sich selbst erlangen kann.
Nachdem du dich leer geschrieben hast, gehst du aus der meditativen Haltung, schaltest deinen inneren Beobachter ein und liest dir mit seinen Augen durch, was du notiert hast.

Dabei entdeckst du dich selber.

Stelle dir folgende Fragen:

- Was habe ich da geschrieben?
- Was bedeutet das, was ich geschrieben habe?
- Was kann ich daraus lernen?

Achte auch besonders darauf, wenn sich das Schriftbild total ändert. Frage auch hier nach, was das bedeuten könnte.

Dazu fällt mir noch ein:

....

....

....

....

....

....

....

....

....

....

....

....

....

....

....

....

....

Kärtchen

Diese Kärtchen haben wir zu Zeiten des Lebe-frei-Blogs über FB zum Verteilen bereitgestellt. Die Menschen liebten es, sich gegenseitig die Wünsche zu schicken. Hier im Buch machen wire s etwas anders.

Schneide dir die Kärtchen aus dem Buch, falte sie in der Mitte einmal zusammen und lege sie in eine schöne Box. Bei Bedarf ziehst du dir eine mit geschlossenen Augen.

Genieße die Wirkung der Wünsche!

Ich wünsche mir für dich heute, dass

dein sehnlichster Wunsch in Erfüllung geht.

Ich wünsche mir für dich heute, dass

du ein Lächeln vom Herzen geschenkt bekommst.

Ich wünsche mir für dich heute, dass

ein langersehnter Traum von dir in Erfüllung geht.

Ich wünsche mir für dich heute, dass

du in Glücksgefühlen badest.

Ich wünsche mir für dich heute, dass

du dich wohl und zufrieden fühlst.

Ich wünsche mir für dich heute, dass

ein liebster Mensch dein Herz berührt.

Ich wünsche mir für dich heute, dass

du einen Sonnenstrahl im Herzen trägst.

Ich wünsche mir für dich heute, dass

du vor Glückseligkeit erstrahlst.

Ich wünsche mir für dich heute, dass

dich dein Schlaf erquickt.

Ich wünsche mir für dich heute, dass

du durch herzliches Lachen jede Körperzelle belebst.

Ich wünsche mir für dich heute, dass ein vertrockneter Brunnen mit frischem Wasser für dich gefüllt wird.	Ich wünsche mir für dich heute, dass du zu einem unvergesslichen Essen eingeladen wirst.
Ich wünsche mir für dich heute, dass du im Beruf oder deinem Unternehmen besonderen Erfolg hast.	Ich wünsche mir für dich heute, dass du beendest, was schon lange fällig ist.
Ich wünsche mir für dich heute, dass du einen Tag voll frohen Mutes hast.	Ich wünsche mir für dich heute, dass dir Klarheit in einer Angelegenheit beschert wird.

Ich wünsche mir für dich heute, dass

du ein langatmiges Projekt beendest.

Ich wünsche mir für dich heute, dass

du den Stein der Weisen für dich findest.

Ich wünsche mir für dich heute, dass

du dir 20 Minuten Zeit nur für dich nimmst.

Ich wünsche mir für dich heute, dass

du dich von Musik in der Seele berühren lässt.

Ich wünsche mir für dich heute, dass

du einen besonders interessanten Menschen kennenlernst.

Ich wünsche mir für dich heute, dass

du einen hinderlichen Glaubenssatz loswerden kannst.

Ich wünsche mir für dich heute, dass

du einen verloren geglaubten Menschen wiederfindest.

Ich wünsche mir für dich heute, dass

du verzeihen kannst.

Ich wünsche mir für dich heute, dass

du vergeben kannst.

Ich wünsche mir für dich heute, dass

du großen Dank empfängst.

Ich wünsche mir für dich heute, dass

du eine große Bürde loslassen kannst.

Ich wünsche mir für dich heute, dass

du beginnst, dein Talent zu leben.

Ich wünsche mir für dich heute, dass
du mit immerwährender Gesundheit gesegnet bist.

Ich wünsche mir für dich heute, dass
du großen Geldsegen bekommst.

Ich wünsche mir für dich heute, dass
du Licht am Ende des Tunnels findest.

Ich wünsche mir für dich heute, dass
du den Edelstein unter den Steinen findest.

Ich wünsche mir für dich heute, dass
du einen Glückstopf am Ende des Regenbogens findest.

Ich wünsche mir für dich heute, dass

Buchtipps

Ernährung nach den 5 Elementen: Für Einsteiger
Eva Laspas
ISBN 978-3950421354

Resilienz - die Strategie der Stehauf-Menschen
Monika Gruhl
ISBN 978-3451031205

„Mutter Tochter Weisheit"
von Dr. Christiane Northrup
ISBN 978-3898831369

Spent
Sally Palaian
ISBN 978-1-59285-699-2

Die Glückstrainer
Ella Kensington
ISBN 978-3905765021

Verletzlichkeit macht stark
Brenè Brown
ISBN 978-3442221479

Wishcraft
Barbara Sher
ISBN 978-3980920407

Festival der Sinne-Journal. Das Buch.
Eva Laspas
Ausgabe in Farbe: ISBN 978-3950421309
SW-Ausgabe: ISBN 978-1534846579
Kindle: ASIN B01E7RP0YM

Content Marketing: Dein Wunschkunde und sein Traum: In 9 Tagen zum idealen Kunden.
Eva Laspas
ISBN 978-1976531996

www.ingramcontent.com/pod-product-compliance
Lightning Source LLC
Chambersburg PA
CBHW070738160426
43192CB00009B/1483